森下に惚れる

日本で一番美しい投手

迫 勝則

南々社

プロローグ

小学校から帰ると、すぐに庭に出てバットを振った。それが、いつのまにか私の日課になった。なぜそうしたのか。子ども心に、しかと説明できないようなところもあった。しかしバットを振りながら、ぼんやりと心に描いていたものがあった。

その思いの先にあったのは、まるでプロ野球界の約束ごとのように毎シーズン、下位に低迷していたカープのことだった。大人になったらカープの選手になって、カープを強くしたい。それは当時、広島で生まれた少年の多くが心に描いていた夢だった。

広島市立五日市中学校に進んでからは、打つことよりも、投げることに興味を持つようになった。春と秋に行われていた野球のクラスマッチでは、長身だったせいもあり、投手を務めた。そのときド真ん中に投げるストレートに、ほとんどの打者が空振りした。三振を獲った後のかすかな陶酔のような感覚は、歳を重ねた今でも、体の一部に沁み込んでいる。

あるとき試合前の投球練習をしていたら、その球をジッと見ていた対戦チームの先生から「もっと緩い球を投げてくれ」と頼まれたこともあった。

実は、同じ中学校のグラウンドに、もう一人スーパーな投手がいた。それは、のちに〝ミスター赤ヘル〟と呼ばれる山本浩二（当時・浩司）だった。

山本浩二との出会い。その偶然が、ある意味、カープとともに歩む私の人生の道筋になった。

彼は自著『人間 山本浩二』（交通タイムス社、１９８４年）のなかでこう書いている。

「私は同級生に比べると、力では誰にも負けなかった。その地肩の強さが認められ、1年生の夏から（野球部で）ピッチャーをやることになった」

しかしあの大スターには大変失礼な話だが、彼は少々コントロールに難があった。その点、私はほぼ全球ストライクを投げていた。

いまやそのことを証言してくれるのは、ごく一部の記憶力の良い同級生だけである。私はいまでも、その小さな自慢（誇り）を人生の糧にして生きている。

いまから46年前の1975年10月15日（後楽園球場）。

プロ野球の優勝ヒーローインタビューで、最初から最後まで泣き続けた選手を、私は他に知らない。

「もうね、みんなでやったというだけですね（泣く）。もう、あとからゆっくり、喜び、ですね…、かみしめます（泣く）」

そのとき、彼はセ・リーグの首位打者争いをしていた。インタビュアーがこう振った。

「個人的には、首位打者も獲らなくてはいけませんね」

彼は少し間をおいてから、こう応えた。

「今は、もういいです……（大泣き）」

同じ夢を追い続けた山本浩二は、やがて現実的な道を歩みはじめた私とは違って、少年時代の思いを一途に貫き、お荷物と言われ続けたカープを創設26年目にして初のリーグ優勝に導いた。

世に〝ヒーロー〟という言葉がある。

私にとって人生のヒーローは、グラウンド上で、すっかり夢を忘れてしまった私の代わりに、数々の夢を実現してくれた山本浩二だった。

いま思うに、長い人生、心のなかにこういうヒーローを抱いて生きていかないと、張り合いが保てない。というか、やっていけないようなところがある。


カープ球団創設から72年。涙のリーグ初優勝から46年。そして最も近いリーグ優勝から4年。カープは幾多の荒波を乗り越えてきた。その長さのせいで、いまではすっかり山本浩二のすごさを知らないファンが増えてきた。

ただ一方で考えてみるに、人にはそれぞれの時代に、それぞれの心のなかに、それぞれのヒーローがいた。時は流れ、ヒーローは変遷し、それぞれが生きていく時代を創っていった。

では「いまのヒーローは誰なのか?」と問われるなら、私は迷わずにこう答える。

「カープの森下暢仁《まさと》です」

私だけでなく、いまそのヒーローに森下の名前を挙げる人が多い。ひょっとしたら、東京五輪でのスーパーな活躍により、にわかファンになった人もいるかもしれない。ともかく彼の存在、投球には、やたらと心を奪われる。

もちろんそこには、人それぞれの理由がある。私の場合は、こうである。

「彼の投球を観ているだけで、あの遠い少年時代の淡く切ない、しかしほんのりと懐かしいワクワク感が蘇ってくる」

私はこれまで、このように清廉で逞しいイメージを持った野球青年に出会ったことがない。どこか愛くるしく、朴訥《ぼくとつ》であどけない表情。一方で、マウンドに立つと一変して漂う勝負師のオーラ。ときに熱く、そしてときにクールに。

私は、この歳になって、森下に惚れた。

これから書くのは、彼の魔性のような魅力の本質を探りながら、その虜になった人たちへ贈る「森下読本」（マニュアル）である。

多少マニアックなところもあるが、森下ファン、カープファンに非ざる者は、読むに適わず…でもかまわない。

目次

序章　筋書きのあるドラマ

野球とは〝筋書きのないドラマ〟だという。

この使い古された言葉を、一人の若い投手が覆してくれた。野球とは〝人が心に描く筋書き〟である。

2020年10月24日。

横浜スタジアムでのDeNA戦。カープの先発は、その筋書きを心に刻んでマウンドに上がった森下暢仁だった。

ヒーロー漫画のように

0対0の3回。1死二塁の場面で、この日2番に起用されていた乙坂智が放った浅い右飛に、鈴木誠也が、果敢にスライディングキャッチを試みた。しかしこれが捕球できず、DeNAに1点を先制された。スコアボードに「H」のマークが灯る。

ドラマが静かに幕を開けたのは、0対1の5回だった。守りの悔しさを晴らしたかった鈴木が2死一、二塁の場面で、井納翔一（現巨人）の低めのボール球とも思われるフォークを左前にはじき返し1対1の同点。

私はその後も、好投を続ける森下の一挙手一投足と、かすかに変わる表情をジッと観ていた。森下はこのシーズン、カープファンの期待を一身に背負ったルーキーだった。私はその頃すでに、彼の投げっぷりに何かフツーでないものを感じていた。

その試合ではじめて目にしたのは、1歳年下の捕手・坂倉将吾のサインに何度も首を振る、なんとも健気で、人を惹き付けるような表情だった。

「その球ではない！」

彼の負けん気の強そうな表情は、いまでも鮮明に目に浮かぶ。

私が森下のファンになったとすれば、そのきっかけは、あの真剣で鬼気迫る表情からだったと言ってもよいかもしれない。それは、あまりに愛おしく戦う、無垢な青年の姿だった。

それでも、この短いドラマを完結させるためには、まだ二つのシーンが必要だった。

その一つ。カープが8回2死二塁のチャンスを迎えたときだった。打順は9番・森下。このとき多くのファンが代打を予想した。

しかし1対1のままマウンドを降りると、森下に勝ち星がつかない。森下の思いを汲んだカープベンチは、そのまま彼を打席に送った。

そのとき目の前で展開したシーンは、まるでヒーロー漫画のようだった。

森下は、平田真吾の投げたコースいっぱいのスライダーを、体をくねらせてバットに当てた。打球が二塁手の頭上を越える。ついにカープが1点を勝ち越した。

一塁ベース上で、両手を挙げて喜びを表現した森下の姿は、その翌日、全国のスポーツ紙面を飾ることになった。

さらに二つ目のシーンが続く。3回に1失点したあと、8回まで無安打で119球を投げていた森下に代わるべく、ブルペンでは、当時の抑えの切り札・フランスアが入念に仕上げの投球練習をしていた。

この状況下。佐々岡真司監督が、この交代をベンチ内で森下に伝えた。ところが森下が首をタテに振らない。試合後、彼はこう語った。

「球数的に代わるかなという状況で、(ムリに) 行かせてもらった」

9回のマウンドに歩を進める森下に対し、球場にいた1万5991人のファンが、敵も味方もなく拍手を送った。

勝っても負けても、これが野球である。

「純に戦う姿って、いいなあ」

そのときは、本当にそう思った。一人の若い投手が、自らの筋書きを心に描き、堂々とその主役を演じていたからである。

この短いドラマの結末は、森下が135球を投げ、4安打1失点で完投。その季二度目の完投勝利(9勝目)を飾った。

この姿がカープを変えた。その後の2試合目以降、カープは6連勝。一時、4位のDeNAに

0・5差まで迫った。

その頃、ヒーローインタビューに呼ばれたカープ選手が共通に発する言葉があった。

「森下が頑張っているので……」

ただ当時、ファンとして素朴に思うことがあった。森下はなぜ、チームメートの心を打つほど頑張れたのだろうか。

その答えは、試合後のインタビューのなかにあった。

「すぐそこに掴めるタイトルがある。それを獲りたいという気持ちでやっている」

このシーズンのセ・リーグ新人王争い（後述）は、熾烈だった。

彼は、自分が立てた目標に対し、臆することなく、その一点に向かって全霊をかけて戦っていたのである。

「自分のドラマは自分で創る」

その雰囲気は、周囲の人たちにも伝わった。その後、首脳陣やベテラン選手からの発言が相次いだ。

「森下に新人王を獲らせたい」

森下の新人王は、やがて広島市民の悲願となり、日常会話の一つになった。

投手への道

大分市で産声を上げた森下は、市内の明治北小学校に通うごくフツーの少年だった。母（美生さん）の話によると、小学2年生頃まではサッカーの選手になりたいと話していたという。しかし、いまから15年前。小学3年生のときに、近所に住む少年野球のコーチに誘われて「明治少年野球クラブ」に所属するようになった。

これが運命（野球）との出会いになった。その後、大東中学校に進学してからも野球部に入り、投手をめざす。

ところが投げ方が定まらず、ヒジを故障し、すぐに野手に転向。3年生のときには、野手として九州大会を制し、全国大会に出場した。

彼が大きく伸びたのは、高校野球の名門・大分商高に進学してからのことである。入部（1年生）のときには投手だったが、ここでも投手として成果が出せず、野手に転向。背番号6を付けた。2年生の県大会では「2番・サード」で13打数6安打（打率4割6分2厘）を打った。同年秋、再び投手に。彼の球歴は、ここから少しずつ華やかさを増していく。

高校の監督・渡辺正雄さんの話である。

「少しずつ球速が増してきたので、いつ１４５キロが投げられるのか本人に訊いたことがありました。すると彼は、何月何日までに…と時期を予告してきました。その頃、ブルペンに行ってみると、本当に145キロを投げていました」

彼の才能は、この頃からまるで「隠れた小さな宝石」のように輝きはじめる。大分商高のエースとして臨んだ3年生の夏。県大会5試合のすべてに先発。チームを決勝戦まで導いた。

その決勝戦。対戦相手は、2021年の甲子園・春の選抜大会で決勝まで進出した名門・明豊高校だった。森下は、そのとき明豊高校を9回6安打1失点に抑えたものの、0対1で敗れ、甲子園への出場は果たせなかった。

しかしその後、甲子園に出場していないのに、速球の威力などが評価され、U―18日本代表に選ばれた。

その頃、プロのスカウトの目にも留まっていたが、彼はプロ志望届を提出することなく、明治大学への進学を決めた。

その彼の決断を促したのは、当時の明大監督・善波達也だった。森下は言う。

「監督が何度も大分まで足を運んでくれたのが大きかった」

青から赤へ

こうして18歳の森下は、生まれてはじめて大分（親元）を離れ、のちに不思議な縁を結ぶことになる広島を通過して上京した。

明大野球部といえば、1910年創部以来、杉下茂、秋山登、星野仙一、川上憲伸など、伝説に満ちた投手を多く輩出してきた名門大学である。現役プロでも柳裕也、野村祐輔など、それぞれチームを支える投手がいる。

森下は、入部してチームから信頼される投手になりたいと思っていた。しかし練習しすぎて右肘を疲労骨折。その1年目は、実戦から離れざるを得なかった。

しかし私は、彼の故障について注目すべき証言（ウワサ）を耳にした。彼の中学、高校時代を通しての話になるが……。

「森下という投手は、ケガをして戻ってくると、なぜか球速が増している」

野球を離れたとき、彼のなかでいったい何が起きていたのだろうか。

彼は、大分商高2年生で肋骨を折った時には、1年先輩のエース笠谷俊介（ソフトバンク）、そして明大1年生で右肘を骨折した時には、3年先輩のエース柳裕也（中日）のフォームをジッと観察し続けた。

上から投げ下ろす彼の独特のフォームは、ケガをするたびに先輩の投げ方からヒントを得て辿り着いたものである。

森下には、故障しても腐らず、秀でた先輩の投球を観察・分析し自分のものにするなど、空白の時間を有意義に使える才能があったのだ。

その後、ようやく出場を果たした2年生の春のリーグ戦（東京六大学）。彼は防御率2位の成績を残し、この年から国際大会のメンバーとして選出されるようになった。

そして3年生の春には、明大のエースとして154キロをマーク。球界で注目を集めるようになった。

この状況下で、善波監督は、ある決断を下した。

「最初は、別の選手を主将に指名しようと思っていました。ところがその子がケガをしてしまって、3人で話し合いました。暢仁は、人の面倒を見たりするようなタイプではありませんでしたが、主将になった途端に変わりました。自分のことだけでなくチームのことを考えるようになり、勝敗についても責任を持つようになりました」

こうして4年生からチームの主将になった森下は、リーグ戦の8試合に登板し4勝1敗、防御率2・03の好成績を残し、チームを優勝に導いた（後述）。そして大会MVPを獲得し、ベストナインに選ばれた。

さらに2019年の全日本選手権は、のちに「森下のための大会だった」と言われるようになった。その頃の彼のイメージを善波は、こう表現する。

「外見は少し頼りなさそうに見えますが、マウンドに立つとスイッチが入って人が変わります。

スーパーマリオがキノコを食べて大きくなるようなイメージでしょうか」

彼の投球は冴えわたり、明大を38年ぶりの日本一に導く。そして、そこでもＭＶＰに。ただそれでもプロのスカウトの評価は、意外なものだった。

そのいきさつについては次章で詳しく書くとするが、ともかく森下は、運命の巡り合わせによってカープの赤いユニフォームに袖を通すことになる。

あの明大ブルーのイメージを象徴していた森下が、一転して、赤いカープカラーに染まることになったのだ。

森下という投手は、これまでの野球選手にはない、不思議な魔力を持っている。どこにでもいそうな、そして時々ひ弱にさえ感じる華奢な風貌とのギャップがあまりに大きいせいなのかもしれない。

そのため打者に立ち向かう彼の姿を観ていると、どこか出来の良いヒーロー漫画を見ているような気がする。そして自然に、現代人が忘れかけているワクワク感みたいなものが湧き上がってくる。

考えてみると、その理由なきワクワク感こそが、本書で描いてみたいスポーツ魂の正体なのかもしれない。

第1章で書くのは、まるでヒーロー漫画の主人公のように見えた1年目の森下の物語である。

第1章　新世代ヒーロー

人の出会いというのは、偶然が紡ぎ出す不思議な糸のからみ合いである。

なぜ大分生まれの森下暢仁が、広島の地で赤いユニフォームを着て戦っているのか。そこには、説明のつかない多くの人たちの偶然が重なり合っている。

遡って2016〜18年。カープのリーグ3連覇は、72年の球団史のなかで異彩の輝きを放っている。

その指揮を任された緒方孝市監督は、ナイターの日でも午前9時にマツダスタジアムに入り、監督室で黙々と戦う準備をするほどの男だった。その真面目でストイックな姿勢は、球団内でも高く評価されていた。

ところが4連覇を狙った2019年。野球以外でさまざまな問題（暴力、薬物事件など）が起きた。そのため、チーム内の一部にピリピリとした空気が流れるようになった。

野村謙二郎5年、緒方孝市5年。カープの監督として5年という時間の長さに、不思議な感覚を持つ。良くも悪くも、この辺りが限界なのではないか。

このシーズンオフ。次期監督について、松田元《はじめ》オーナーはこう語った。

「背中を押してくれたのは穏やかで、みんなに愛される人柄の良さだった。彼はチームをフワっと包み込んでくれる」

こうした空気のなかで登場したのが、佐々岡真司監督だった。

現役時代の成績は、通算１３８勝、１０６セーブ。特に１９９０年代には、日本のプロ野球界を代表する投手の一人だった。選手としては申し分ない実績を持つ。ただ監督ということになると、話は別になる。

ともかく彼は、若手を育てながら、上位をめざすという二重の宿命を背負うことになった。

思わぬ単独指名

カープというチームは、ファンにどんな野球を見せてくれるのだろうか。

その役者（選手）を舞台（グラウンド）に導くのは、地域を担当する９人のスカウトたちと松田元オーナーである。

２０１９年ドラフト会議では、当初、奥川恭伸（星稜高）、佐々木朗希（大船渡高）らのスーパー高校生投手の一人を抽選覚悟で1位指名する方針だった。

ところが球団内の選考会議に、佐々岡監督が加わるようになってから流れが大きく変わった。

「スピンの効いた直球と完成されたフォーム。映像を見た瞬間に惚れました」

大投手の直観というのだろうか。佐々岡監督はそのとき〝惚れる〟という言葉を使った。そして迷うことなく、東京六大学リーグ通算15勝（12敗）の森下を1位指名するよう申し出た。これが、新監督としてのはじめての仕事になった。

彼の強い意向を尊重した球団は、方針を転換。すぐに森下の1位指名を世に公表した。

なぜ早々と公表したのか。こうしておけば、他球団が森下を1位指名するには、相当の勇気と覚悟が必要になるからである。つまり、指名できる可能性が2球団なら50％、3球団なら33％に下がる。

一方で、他球団のスカウトたちの間では、あることが囁かれていた。それは森下のスタミナ不足に対する懸念（課題）だった。

例えば、打順が3巡目以降になると、痛打を浴びる可能性が高くなるという。つまり1試合を投げ抜くスタミナが不安視されていたのである。

その結果、約10球団のスカウトたちが森下を追っていたのに、彼を1位指名したのは、カープだけだった。こうして、事前に1位指名を公表したカープ球団の作戦は功を奏した。

2019年10月17日夕刻。広島市内の電光掲示板に速報の文字が流れた。

「カープ、大学ナンバーワン右腕の森下を単独指名……」

あの日から、彼の新たな物語が幕を開けた。

もしあのときカープ監督の交代劇がなかったら、森下が赤いユニフォームを着ることはなかったと思う。

このときの状況について、森下は、のちにこう語っている。

「自分の名前が読み上げられた時には、喜ぶという気持ちよりも〝プロの世界で本当に通用するのだろうか〟という気持ちの方が大きかった。しかし佐々岡監督が自分を指名したいと思って下さり、交渉権を得て〝安心した〟と言ってもらえたとき、〝自分もカープのために結果を残したい〟と強く思うようになりました」

当時、明大の監督だった善波達也（前述）もこう語る。

「指名後に佐々岡監督が大学に来て下さり、指名の理由などを聞かせてもらった。佐々岡監督が〝最後は自分が決めた〟と言われたとき、暢仁が覚悟を決め〝自分の可能性を信じてくれた佐々岡監督のために頑張ります〟と言っていました。監督との出会いから、良い歯車が回りはじめたような気がします」

こうして森下と佐々岡監督の間に、同じ投手としての〝以心伝心の関係〟が生まれ、のちに数々の名シーン（後述）を創り出すことになる。

背番号18

マツダスタジアムの敷地内に「モニュメントスクエア」が設置されたのは、２０２０年のことだった。

その壁面の銅板に、歴代延べ５１１５人のカープ選手の名前が刻み込まれた。そのなかに草創期のミスター・カープ長谷川良平の名前がある。

彼の長男（純さん）はこう話す。

「父は、球団から18番を永久欠番にするという話を断ったと話していました」

その理由はこうである。

「新たに育つ18番に、白星を重ねてほしいと願ったからです」

現に、その白星は佐々岡真司、前田健太などによって着々と積み上げられていった。どの球団でもそうだが「18」はエースナンバーと呼ばれ、カープでは２０１６年に渡米した前田健太のあと使われることがなかった。はっきり言えば、そういう投手が現れなかったということである。この番号が、佐々岡監督の強い薦めもあって、森下に託されることになった。

２０１９年12月9日の入団会見。森下が、記者から背番号18について問われた。

「この番号は……」

このシーンを私は、たまたま地元ＴＶ番組のスタジオでコメンテーターとして観ていた。

そのとき一瞬、佐々岡監督と目を合わせた森下の口から、言葉が出なくなった。そしてほんの少しの間、沈黙が続いた。この短い沈黙は、いったい何を意味していたのだろうか。おそらく上手い表現が思い付かなかっただけだと思うが、そのときの真意はいまでも分からない。

そのルーキーイヤー。各メディアが、森下の一挙手一投足を追う。

森下の練習（自主トレ）を視察した佐々岡監督は、彼の守備、特にゴロをさばくときのフィールディングを絶賛した。そしてキャンプ入り後の評価も上々。ブルペンでも紅白戦でも、彼への期待感は徐々に高まっていった。

ところが、世界中でパンデミックを起こしたコロナ禍の波が、日本のプロ野球界にも押し寄せてきた。そして状況を一変させた。

当初３月20日予定だった日本のプロ野球の開幕は、以降、何度も延期されることになる。こうなると、ローテーション入りが確実視されていた森下のモチベーションの維持も難しくなる。

しかし、彼は意外に冷静だった。というよりも、彼はこの状況を意に介していないように振る舞った。

「大変なのはみんなも同じこと」

世に、新型コロナウイルスによる緊急事態宣言（１回目）の発出が、今か今かと検討されている頃のことだった。

誰もいないスタンド

３月の大相撲春場所、サッカーＪリーグ、バスケットボールＢリーグ、そしてプロ野球オープン戦（後半）。いずれも当初は、無観客で行われた。

プロスポーツの本質を考えてみたとき、それは本来、有り得ない光景だった。しかし慣れというのは不思議なもので、次第にそれでもいいかという雰囲気になってきた。ミット音や打球音ははっきり聞こえるし、ベンチの選手の声まで耳に届く。

しかしそれでも思うに、近年のプロ野球は、観客とともに戦うというスタイルが定着している。特にカープの場合は、お祭りみたいにスクワット応援を繰り返し、得点が入れば〝宮島さん〟を歌う。7回には風船を飛ばし、ヒーローインタビューでは一声ごとに歓声を上げる。つまり無観客では、いったい何のためにやっているのか…ということになるのだ。

3月8日。マツダスタジアムで西武とのオープン戦が、無観客で行われた。私はこの試合をTV画面で食い入るように観ていた。

試合が無観客で行われるということだけではなく、これが、ルーキー森下がはじめてマツダスタジアムのマウンドで投げる試合だったからである。

これから長い野球人生を送ることになる広島のマウンドに、森下が赤いユニフォームを着て立った。しかし、スタンドからの拍手や歓声は一切ない。

正直に書く。私はそのときまで彼に小さな期待は寄せていたものの、実際にプロの打者を抑え込むというイメージはあまり持っていなかった。プロというのはそんなに甘くないからである。

彼は、會澤翼のサインに何度か首を振った。

「おっ、やるな」

森下はそのときすでに、捕手（先輩）の要求を鵜呑みにしていなかった。つまり大事なところでは、自分が投げたい球を自分で決めていた。

私は、特にランナーを背負ったときにそう感じた。ランナーは出しても、ホームベースには返さない。そういう姿勢が、その頃からすでに透けて見えていた。

彼は、予定された5回を投げ終えた。そしてそのシーズン、パ・リーグを制することになる強力な西武打線を無失点に抑えた。オープン戦とはいえ、森下は無観客の球場で、プロとして初勝利を挙げた。

翌朝の地元新聞に、會澤と笑顔でグータッチするシーン（写真）が掲載された。しかしその背景には、一人として観客がいない。

話は遡って、いまから3年半前の森下の大学時代。明大4年生のときだった。

ラグビーワールドカップで日本がスコットランドを倒したとき、森下は日産スタジアムのスタンドにいた。

「立ち上がって、のりのりで踊りましたよ。それはすごい雰囲気でした」

彼は、そのとき改めてスポーツの意味を認識したという。選手のプレーによって、これほど多くの人々の心を動かすことができるのだ。

満員のスタンドでファンを熱狂させたい。彼は、次第にそう思うようになった。しかしプロ初登板は、全く予想していなかった〝歓声なき空間〟だった。

「ファンの前で投げたい」

彼の心のなかで、そういう願望が強くなっていった。

3か月遅れの開幕

3月中旬。オープン戦を終えても、まだ開幕のメドは立たなかった。

そのためNPB（日本野球機構）は、選手のコンディションを維持するため、さらに各チーム間で練習試合を行うことを決めた。

この間、なぜか森下の調子が乱れた。

彼は、マウンドに上がるたび（2試合）に打ち込まれた。無観客という環境もあったと思われるが、彼にとってまだ十分に戦う準備が整っていなかったのではないか。

一方で、森下という投手は、何があってもそのことを力に変える対応力を持っている。ここから粘るのが、彼の真骨頂である。

しかも、いまから思うと、なんという強運だっただろうか。コロナ禍による約3か月の開幕延期が、結果的に森下を救うことになった。おそらくあのまま開幕していたら、森下は大きく出遅れることになっていたと思う。

課題だったスタミナアップへ向け、体力トレーニングがはじまった。彼は、走り込みや筋力トレーニングを繰り返し、改めて体力強化に挑んだ。

実は、これがプロに入ってからはじめての本格的なトレーニングになった。この間に体重が５キロも増えた。

担当の三浦アスレチックトレーナーはこう振り返る。

「あのときトレーニングの上積みができて、体を作り直すことができた。以前より体力が上がったと思う」

６月19日。ようやくプロ野球が開幕した。

練習試合で打ち込まれた森下は、一時、ローテーションから外れるのではないかという見方もあった。しかし、佐々岡監督は自信を示した。

「彼をローテーションから外す考えはない」

こうして森下は、開幕３戦目（６月21日）、横浜ドームのＤｅＮＡ戦でプロ初登板（先発）を果たした。

しかし私は正直に言って、そのときでもまだ初登板の森下が、このようなピッチングをするとは思っていなかった。

彼は、佐野恵太、宮崎敏郎らのＤｅＮＡの新打線を全く寄せ付けなかった。そして7回１０４球を投げ、被安打４、失点０で８個の三振を奪う。ただ終盤に新クローザーの役割を担ったスコットが打たれ、白星はつかなかった。しかし、上々のデビューである。

さらに２回目の登板となった６月28日の中日戦（ナゴヤドーム）。彼は８回まで無失点の投球を続けた。

森下は、ひょっとしたらノーヒットノーラン…という淡い期待を背負って9回のマウンドに向かった。そして、なんとか２死までこぎつけた。しかし、完封まであと１人のところで連打を浴びて３点を失った。

それでも、森下のプロ初勝利（10対３）は十分に評価に値した。というか、称賛に値した。なぜならこの試合で、彼は、中盤以降も最速１５３キロの速球を連発し、後半スタミナが切れるのではないかという心配を払拭したからである。

一投入魂

３回目の先発となった7月9日のＤｅＮＡ戦（マツダスタジアム）。

森下は5回までに１２２球を投げた。かろうじて2失点に抑えたものの、投球に精彩を欠いた。はっきりとは分からないが、その後の球団の対応からして、どこかに異変があったのではないかと思われた。

彼はローテーションを1回飛ばし、4回目の登板（阪神戦 甲子園）に備えた。そして7月23日、このシーズンはじめて、中13日を空けて登板した。

このわずかな期間で、森下は修正してきた。それまで5連勝して波に乗っていた阪神打線を6回4安打に抑える。失点は、大山悠輔に打たれた2ランだけ。ほとんど危なげなかった。これで2勝目（4対２）。

８月７日の阪神戦（マツダスタジアム）では、會澤の欠場もあり、はじめて1歳年下の坂倉将吾とバッテリーを組んだ。

本来の調子ではなかったものの、森下は6回１０８球を投げ、味方打線の援護もあり、なんとか３勝目（11対６）を挙げた。

カープファンがド肝を抜かれたのは、その一週間後（8月14日）の阪神戦での圧巻の投球だった。１５０キロを超える速球を軸にしてカーブ、チェンジアップを駆使し、阪神打線を翻弄。

終わってみれば、阪神に二塁も踏ませず、１２７球で27人をアウトにした。被安打はわずかに2本。12個の三振を奪った。

この試合で、森下は阪神の先発全員（9人）から三振を奪い、カープのルーキーでは、1962年の池田英俊以来となる無四球完封勝利（6対0）を達成した。

森下に惚れる。実は、私が完璧に森下のファンになったのは、この試合からだったと言ってもよい。彼の投球が、まるで意図された芸術のように見えた。

よく「一球入魂」という言い方をする。しかし森下の場合は「一投入魂」という言い方がふさわしい。

動的な形で言えば、スポーツの世界では「タメを作る」という言い方をするが、森下の二段モーションのわずか0・2〜0・3秒の間（ま）。それが「一投入魂」を表わしている。

まずスッと右足一本で立ち、わずかな間（ま）を作って、打者と対峙する。この形を起点にして、一球ずつ丁寧に正面から勝負する。これが元来、投手と打者の勝負の形である。

そもそも投手というのは、打者に向かっていかなければならない。その最も基本的なことを形として感じさせるのが、森下の投球なのである。

走者がいないときのわずか0・2〜0・3秒の間（ま）。そして走者がいるときのセットポジションの間（ま）。いずれも打者と対峙し、堂々と勝負を挑んでいる。

三塁守備から森下を見ていた堂林は、その姿勢（意図）をこう表現している。

「打者の反応をすごく見ている。間（ま）を取った駆け引きがうまく、捕手のサインにもかなり首を振っている」

彼はわずか0・2～0・3秒の間（ま）を作り、球をリリースする直前まで、相手打者の反応を見ている。もちろん打たれるときもある。しかしこういう投球なら、たとえ打たれたとしても、結果についてあまり悔いは残らない。

やられたら、すぐやり返す

その打たれたときの話である。

9月4日のDeNA戦だった。先発の森下が3回に5点を失い、自己最短の3回でマウンドを降りた。

ただこの試合。カープは4回に一挙5点を奪い、試合を振り出しに戻した。その後、点の取り合いになったが、7回まで8対12でDeNAがリード。その時点で、試合は決まったかに見えていたが、ここからカープが粘る。

8回に2点を挙げ、2点差で9回を迎える。そして2死二、三塁の場面で、この日4安打を放っていた菊池涼介が、三嶋一輝の149キロを右前にはじき返した。

この試合は12対12で引き分けに終わった。しかし、野球の面白さを存分に見せてくれる試合になった。こうして森下の負けが消えた。

しかしその一方で、カープファンとしては、3回で試合を壊しかけた森下の乱調が気になった。

9月10日のヤクルト戦。

森下が、前の試合の雪辱を晴らすため、はじめて中5日で先発した。この試合で見せた彼の炎のような投球は、いまでもよく覚えている。

森下は1対0でカープがリードした6回、先頭打者に同点ソロを浴びた。しかし次の7回ではそのことをバネにするように、150キロを超える速球で3つの三振を奪った。対戦相手は違っていても、やられたら、すぐやり返す。まさにそういう気迫の見えた投球だった。

そのウラ。森下の代打で登場した大盛穂が、左中間二塁打を放つ。そして続く菊池の三塁線を破る適時二塁打で、カープが2対1で勝ち越した。森下は、結局、7回を投げて5安打1失点、7三振を奪い、6勝目を挙げた。

私は、その後〝やられたら、すぐやり返す〟について興味深いデータ（中国新聞）を見つけた。

このシーズンに限って言えば、規定投球回数に達したセ・リーグ6投手のなかで、黒星を喫した次の試合で、すべて勝ったのは森下（3勝0敗）だけだった。ちなみに上位の大野雄大は2勝2敗。菅野智之は1勝1敗だった。

この森下の〝やられたら、すぐやり返す〟という勝負に対する執念ついて、証言する人がいる。

それは明大でバッテリーを組んでいた捕手・西野真也（現ＪＲ東日本野球部）である。

日本一を目指して臨んだ４年生の東京六大学春季リーグでのこと。開幕戦の先発は森下だった。そのときの様子を彼はこう語る。

「０対４で大事な初戦を落としたあと。試合後のミーティングで暢仁が、急に立ち上がって全員の前でこう言うんです。〝今日は不甲斐ないピッチングをして申し訳ない〟。悔しさなのか、目に涙が浮かんでいたように見えました。そしてこう続ける。〝明日勝って、明後日また俺に投げさせてくれ〟。この言葉でチームがまとまったような気がしました」

その後、チームは全員の心が一つになって、本当に勝ち進んだ。こうして大学日本一に至る伝説の快投が生まれたのである。

どんなスポーツマンでも〝悔しさ〟というのが、次へ向けて最も大きなバネ（エネルギー）になる。森下は、筋金入りの〝負けず嫌い〟なのである。

新人王争い

ライバルとなったのは、セ・リーグの首位を走り続けていた巨人の高卒２年目・戸郷翔征だった。開幕３連勝と好スタートを切った戸郷は、８月を終えた時点で７勝２敗。一方の森下は、５勝２敗。戸郷が優位に立っていた。

森下は9月に4試合に登板したものの、1勝1敗。戸郷に水を開けられたままの状態が続いていた。しかし10月に入ってから状況が一変した。

この頃、変わったことがあったとすれば、球場の雰囲気だった。

プロ野球は、開幕当初、無観客で戦っていた。しかし7月14日からは、5千人を上限に観客が入るようになった。

さらに9月25日のDeNA戦からは、それがいっそう緩和され、マツダスタジアムの観客数の上限が1万6500人になった。もちろん声を出しての応援は禁じられたが、球場の雰囲気はかなり変わった。

その直後から、森下の投球にスイッチが入った。明らかに観客が、森下の投球を勇気づけたように見えた。そしてもう一つ。人間というのは、明確な目標（新人王）を持つと、これほど逞しくなれるのだろうか。

10月3日のヤクルト戦。彼は大学時代に投げ続けた神宮球場で、快投を見せた。7回無失点で7勝目を挙げ、戸郷に1勝差まで迫った。

その1週間後の10日。今度はマツダスタジアムで同じヤクルト戦。

試合開始直後（1回）に、森下は、いきなり連打と四球で無死満塁のピンチを招いた。私は、少なくとも1、2点くらいのヤクルトの先制を覚悟した。

しかし、なんという落ち着き方だっただろうか。その仕草に、全く動揺の気配が感じられなかった。彼は、ヤクルトで一番恐い４番・村上宗隆を打席に迎えた。

その決め球は、真ん中高めの速球だった。村上のバットが空を切り、三振。そのとき珍しく、森下がマウンド上で小さな雄叫びを上げた。

続く青木宣親は三塁ゴロ、中山翔太は空振り三振。彼は、何事もなかったようにヤクルト打線をゼロに抑えた。

試合後、彼はこう話している。

「打たれたら嫌だというのではなく、ゼロに抑えたいという気持ちだった。（あの場面を）抑えたら、チームの雰囲気もよくなる、と思った」

この試合。彼は二度の満塁ピンチを迎えて５人の打者と対戦した。そして、そのうち４人から三振を奪った。

「ピンチになるとギアを上げる」

その頃の森下は、人並み外れた勝負強さを持っていた。それは試合の流れを敏感に感じ取る人間力からくるものではなかったかと思う。

のちに彼は、こう語っている。

「ピンチになると、狙って三振を取りにいく」

同シーズンの記録によると、森下の満塁での奪三振率は、4割9分2厘。つまり約半分の打者から三振を奪っていたのである。

もちろんこの試合も、彼は6回無失点に抑え、チームトップの8勝目を挙げ、戸郷の勝ち星に並んだ。

先輩との対決

新人王を決定づけた試合（10月24日DeNA戦）については、すでに序章で詳しく書いた。

この状況をさらに強固にすることになったのが、11月1日の中日戦（ナゴヤドーム）だった。

この試合は、明大の3年先輩である柳裕也との2回目の因縁の対決になった。

なぜ因縁だったのかというと、大分から上京した森下が明大野球部の宿舎で同じ部屋で暮らしていたのが、当時の明大エース・柳だったからである。

柳が、森下の隣県である宮崎県出身だったこともあり、2人は意気投合した。森下によると、そのときカーブの投げ方を教わったという。

遡って1回目の対決は、10月17日のナゴヤドームだった。

そのとき森下は7回を5安打に抑え、8三振を奪い1失点。しかし終盤に塹江敦哉が打たれ、彼に勝敗はつかなかった。ただ記録上、この試合は2対5で柳に軍配が上がっていた。その季の最終登板とみられていた森下にとって、11月1日はその雪辱戦になった。

試合は、見事な投手戦。森下は試合後、こう話している。

「勝ちたいという気持ちでしっかり投げた。（先輩と）いい投げ合いができたと思う」

試合は3対0でカープが勝ち、彼は10勝目を手にした。

この試合で、森下は8回を無失点に抑え、防御率がリーグトップと0・002差の1・907になった。その後の流れによっては、新人王どころか、最優秀防御率（投手成績1位）まで視野に入ってきたのだ。ここで、悩ましい事態が起きた。

カープは、残りあと6試合。一応ローテーションは決まっていたものの、この際、森下がもう1試合投げると、当時、防御率1位だった大野雄大（中日）を追い抜く可能性が出てきたのである。

彼なら、できる。カープファンはみなそう思っていた。しかし佐々岡監督の打診に対し、彼はこう答えた。

「一年間ローテーションで投げさせてもらい、防御率1点台を達成した。もう目標は達成しましたので……」

おそらく彼は、残り試合にかけていた他のローテーション投手のことを考えていたのではないかと思う。言うまでもなく、どの投手もシーズンの終わりは〝いい形〟で締め括りたい。

近年、シーズン終盤でタイトルを獲るためだけに登場してくる選手が増えてきた。

あのときの森下の姿勢は、改めてスポーツの潔さ、清々しさを思い起こさせてくれるものだった。カープファンの心のなかに爽やかな風が吹いた。

こうして森下のルーキーイヤーは、静かに幕を下ろした。

最優秀新人賞

思えば、史上はじめて新型コロナウイルスの大禍のなかでスタートした日本のプロ野球。セ・リーグは巨人の2連覇で幕を閉じた。

ただ日本シリーズでは、2年連続でソフトバンクに0勝4敗で敗れ、近年強さを増してきたパ・リーグの壁は破れなかった。

一方、個人の方では、若い選手の台頭が目立つシーズンになった。

このシーズン20歳の若さでヤクルトの4番に座った村上宗隆は、打率3割7厘、本塁打28本を放ち、巨人の4番・岡本和真（同24歳）は、本塁打王（31本）と打点王（97点）を獲得した。

カープでは、エース・大瀬良大地がシーズン途中で故障・離脱。代わって九里亜蓮と森下が、両輪となってシーズンを乗り切った。

特にルーキー森下は、並み居るセ・リーグの投手のなかで特筆すべき成績（表1）を残した。

こうしてどの球団においても、ジワリと世代が代わっていくのを感じさせた。

２０２０年12月17日。プロ野球のタイトル獲得者を表彰する「２０２０年ＮＰＢアワーズ」が開催され、カープの森下が、セ・リーグの最優秀新人（新人王）として表彰された。

成績は10勝３敗、防御率１・91。プロ野球担当記者の投票で、彼は競争相手だった巨人の戸郷を３０３票vs９票の大差で圧倒した。

規定投球回数に達した新人の２桁勝利と防御率１点台は、１９６６年の堀内恒夫（巨人）以来、54年ぶりのことだった。

森下はふだん見慣れない背広姿で、こう語った。

「たくさんの方にサポートしてもらった。この賞をもらったからには、来季も、しっかりと結果を残せるように頑張りたい」

有言実行

彼はシーズンを通して新人王の獲得を公言するなど、常に〝有言実行〟だった。すべての局面で自ら言葉で発したとおりに行動し、それを成果につなげ

表１ 2020年セ・リーグ投手成績（投球回数120以上）

順位	投手	球団	防御率	試合	勝利	敗北	奪三振	被本塁打	自責点
1	大野雄大	中日	1.82	20	11	6	148	13	30
2	森下暢仁	広島	1.91	18	10	3	124	6	26
3	菅野智之	巨人	1.97	20	14	2	131	8	30
4	西　勇輝	阪神	2.26	21	11	5	115	15	37
5	九里亜蓮	広島	2.96	20	8	6	106	11	43
6	青柳晃洋	阪神	3.36	21	7	9	88	4	45

た。

さらに言えば、彼は、日々投げながら成長していった。自身、試合を重ねるごとに、次第に周りが見えるようになったという。

「負ける試合は、知らないうちに自分の世界に入っていました。打者もそうですが、守備位置もよく見えていました。チームメートに守ってもらっているのですから」

彼のすごさは、先輩たちも証言している。

まずエースの大瀬良大地の話である。あれは2020年3月15日、開幕前のソフトバンクとのオープン戦（マツダスタジアム）だった。

森下がプロ入り後、初被弾となる2本塁打を浴びて、4回5失点と打ち込まれた。翌日、大瀬良は落ち込んでいると思われる森下を慰めようと、声をかけた。

そのときのことを大瀬良はこう振り返る。

「ちょっとは落ち込んでいると思っていたら、けろっとしていた。話をされて装っている感じでもなかったし、ぶれない心の強さを感じた」

大瀬良はこう続ける。

「あれ以来、森下に心の持ち方を話すのは止めた。フツーの投手とは違うなと思った」

さらに後ろ（二塁）で守っていた菊池涼介の話である。

「どんな場面でも自信を持っている背中だった。邪魔するのもよくないと思って、あえて（タイムを取って）マウンドには行かなかった」

守備というのは、投手の投げる球から連動する一連の流れである。そういう意味で、彼の投球テンポの良さから生まれた副産物もあった。

実は、チームで１００イニング以上投げた投手の登板時の失策は、九里の12個、遠藤の10個に対し、森下はたったの４個だった。

森下という投手は、試合の流れのなかで投げている。そのためこのシーズンは、僅差の投球では精度が増し、点差が開けば、気持ちが緩むどころか引き締まった。

観察力

このシーズンの記録から、さらに彼の特長を検証してみよう。

森下は、相手チームに30点（自責点は26）を献上した。そのなかで６回以降に点を与えたのは、わずかに５点。このことからも、試合の中盤以降も球威が衰えず、むしろギアを上げていたことが分かる。

さらに味方打線が、得点してくれた次のイニング。彼は27回でわずか４失点だった。つまり味方が点を取ってくれたら、それをしっかり守ろうとする姿勢が窺えた。

私は、試合中、彼の仕草と表情（視線）を人間的興味で観ていた。

彼は、チラリと打者を見る。チラリとランナーを見る。チラリと味方の守備体系を見る。チラリと相手ベンチを見る。そのキーワードは〝さりげなく〟である。

おそらくジッと見ていると、相手に悟られるからだと思う。その際、決して視線方向に頭を動かさない。それを見たのか見なかったのか、相手に分からない方がいいからである。

これは彼の大きな特長である。見ていないふりをして、実はしっかりと見ている。つまり常時、全体の状況を全身に沁み込ませてプレーしているのである。

この特長は、若さや経験とは無縁である。つまりあの若さで…というような表現は当てはまらない。

これは、彼の持って生まれた才能なのだと思う。言葉を代えれば、〝勝負の勘〟と言ってもいいかもしれない。

ふと顔を観れば、若き日の福山雅治のようである。その見かけとかけ離れた優雅な立ち居振る舞いに、逞しさと信頼感が漂っている。

首を振る

このシーズン。私はいつのまにか、森下が捕手のサインに首を振るシーンを観るのが好きになった。なぜ、そういうシーンを観るが好きなのか。おそらくそこに、良くも悪くも、人間関係の機微を感じるからであろう。

人間というのは、元来、首をタテに振るというのはやさしいが、ヨコに振るというのは簡単なことではない。

この点について、あの黒田博樹はこう語っている。

「当時は、米国からベテランで還ってきた立場として、捕手のサインにはすべて応えられる投手でありたいと思っていた」

しかし、時代は変わっていた。彼は同じ場でこうも語っている。

「捕手は投手に気を遣わせたらダメだ。いまの捕手は投手のことをよく考えている。アツ（會澤翼）も構えるしぐさ、声かけなど〝投手ファースト〟の姿勢になっている。そういう捕手がいるから、若い投手が伸びる」

この話を下敷きにしてみると、森下が首をヨコに振るシーンが、いっそう逞しく見えてくる。そう、森下という投手は、時代が求める新しいタイプなのである。自分の考えをしっかりと持ち、それを臆せずに実行に移す。遠慮というのは、その多くが勝負の邪魔をする。

前述の11月1日の中日戦のことだった。

８回１死一塁の場面。森下は、捕手・坂倉のサインに４度も首を振った。おそらくヒット&ランのような攻撃を予知したのだと思う。彼は、渾身のストレートを投げ三振併殺を奪った。これが森下のシーズンを締めくくる最後の1球になった。

あの大瀬良でも、會澤のサインに首を振れるようになったのは、入団5年目からだったという。しかし森下は、ルーキーイヤーから堂々と首を振り続けた。

森下が登板した18試合のうち、13試合でマスクを被った坂倉の話である。

「彼は、流れが悪いときでもしっかりと3人で打ち取れる。すごく試合を支配しているように感じた」

この〝試合を支配する〟という感覚は、投手にとって一番大切なものではないかと思う。私も長く大学の教壇に立ったが、教室を支配しなければ、まともな講義などできるはずがない。もちろん教室＝グラウンド、講義＝投球である。

坂倉は、こう続ける。

「ピンチになれば、変な邪念や力みが出てくるものだが、森下は〝ここというとき〟にミスが少なかった」

このシーズン、先発マスクデビューを果たした坂倉は、実質的に1年目同士だった。私はテレビ画面で何度も、ベンチ内で熱心に話し合う2人の姿を見た。このバッテリーを見ていて、私は、つくづくカープの新世代の到来を感じた。

準備する力

私は、このシーズンの夏の頃から、森下の１球１球に心を奪われた。ピンチを迎えて〝こことういうとき〟に引き出される不思議な力。周囲の状況を把握した上での、とっさの判断力。これらは、いったいどこからきているのだろうか。

その答えは、さほど難しいものではなかった。その源は、一つひとつのプレーに至るまでの徹底した準備にあるのではないかと思う。

そのことについて、母・美生さんはこう語る。

「子どもの頃、いつも遊んでいた公園に３６５段の石段があるんです。あの子は、そこを毎日のように、暗くなるまで走っていました」

その頃（中学時代）、森下は投手ではなく、背番号6を付けた内野手として九州大会で優勝し、全国大会に出場した。

おそらくいま同じグラウンドで練習しているカープの選手の多くも、彼の並はずれた勤勉さを知っているのではないかと思う。

森下は、全体練習の合間を見つけ、大きなバルーンなどを使い、一人で黙々と体幹＆指先トレーニングを行っている。

そのウラを返せば、私たちは数知れない才能あふれる選手たちが、日ごろの練習や努力を疎かにして、球界を去っていったことをよく知っている。

人一倍の準備と努力。それが人並み外れたプレーを可能にしている。そして、彼特有のパフォーマンスを生み出している。

そのことについて、江戸時代初期の剣豪・宮本武蔵の言葉がある。

「千日の稽古をもって鍛となし、万日の稽古をもって錬となす。勝負は一瞬なり」

一瞬の勝負のために、森下は、あらゆる努力を惜しまない。その鍛錬の中身は元来、本人以外は誰も知り得ないものであろう。

おそらくメディア取材などで本人の口から語られることは、氷山の一角にすぎないと思われる。逆に言えば、それをすべてをさらけ出してしまうような選手の将来は知れている。

努力というのは、決して他人に吹聴するものではない。それは地味で、時には本人にも分からないような場合もある。

宮本武蔵は、次のような言葉も残している。

「平常の身のこなし方を戦いのときの身のこなし方とし、戦いのときの身のこなし方を平常の身のこなし方とする」

スポーツ界にも、これと同じような主旨の短い言葉がある。

「練習はウソをつかない」

そう言えば、いまでも森下が取材インタビューのときに、口ぐせのように使う言葉がある。それは……。

「しっかり準備をして……」

この言葉は、平凡な言い回しなので、多くの人が気に留めない。しかし、彼の基本姿勢はそこにある。そういう意味で、森下は、生まれながらスポーツマン（投手）のネイチャー（本性）を備えた選手なのである。

ただ人間というのは、おおむね外見と中身が一致するものだが、森下の場合は、外見が佐々木小次郎で、中身が宮本武蔵なのである。

そのアンバランスが、ときに人々を惑わせ、ときに神秘的な魅力（雰囲気）を醸し出している。

江夏との対談

２０２０年12月14日発売の『週刊プレイボーイ』（集英社）に掲載された「球界のレジェンド江夏豊と森下の対談」についての話である。

江夏と言えば、阪神、南海（現ソフトバンク）、広島、日ハム、西武の５球団を渡り歩き、数々の伝説を作った名投手である。

特に、阪神時代のオールスター戦の9連続奪三振（後述）や、広島時代の「江夏の21球」は、球界屈指の伝説になった。

江夏がこう訊いた。

「自分は阪神に9年、南海に2年いて広島に来たけれど、最初はイヤだった。あなたは広島にドラフト1位指名されて、実際にどんな感じだったの？」

森下の答え。

「そうですね。少しは〝ああ広島かぁ〟という思いもありました」

これは多分、江夏と対話トーンを合わせた答え方だったのだと思う。しかしその一方で、森下にとって〝広島との縁〟は、本当にゼロに近かった。

はっきり言って、そもそも縁というのは、いかなる場合でもゼロスタートである。

江夏は、こう語る。

「広島は、わずか3年間だったけど、2年連続で日本一になれた。だから去る時には〝広島は第二の故郷〟と言えるくらい好きになった」

人と地域の縁というのは、そういうものであろう。さらに話は続く。

「自分は、(20年)2月の時点で、あなたの新人王を予言していた。宮崎・日南キャンプだったけど、あの速いスライダー、カットボールがストライクゾーンに投げられれば、もう新人王は間違いないと……」

森下も、江夏の熱い視線を感じていたという。

「はい、ブルペンでご挨拶させていただきました」

対談の締めくくりに、森下は2年目の目標を訊かれ、こう答えた。

「最初の年を上回る成績を残すことです」


レジェンド・江夏と新人王・森下の対談は、その組み合わせ自体、どこか興味を誘った。おそらくその訳は、同じ景色をゴールから眺めるのと、スタートラインから眺めるのとの違いがあったからだと思う。

言うまでもないが、プロ野球界では、実績が人を創る。そこで通算２０６勝１５８敗、１９３セーブ。圧倒的な実績を誇る江夏の存在感は、数字以上のものがある。

一方、まだプロの世界に飛び込んだばかりの森下には、フリーハンドで描ける未来がある。これからどんな物語が、どのように描かれていくのだろうか。そのストーリー展開は、まだ誰も知らない。

私たち広島人（ファン）は、あまたの人々との出会いと同じように、彼と不思議な縁を結んだ。そう、広島の地ではカープ選手というだけで、このチームを支えてきた市民との間に固い絆が結ばれるのである。

「負けるな、森下！」

その応援に、理由なんかいらない。できることならば、私たちファンもまた、あなたの物語のほんの一コマに付け加えてほしい。

第2章で書くのは、同じような境遇から登場してきた栗林良吏と、海の向こうで大ブレークした大谷翔平の話を含め、ますます厳しさを増していく２０２１年シーズンの森下の葛藤の物語である。

第2章　カープの二つ星——森下と栗林

カープ史をおさらいしておこう。

津田恒美（1982）、川端順（85）、長冨浩志（86）、山内泰幸（95）、澤崎俊和（97）、野村祐輔（2012）、大瀬良大地（14）、森下暢仁（20）。

これが何の並びなのか、カープファンなら誰でも分かるだろう。カープで新人王を獲得した投手の並び（8人）である。

実は、過去7人の投手のなかで、その翌年に勝ち星を上積みした投手は、まだ誰もいない。みんな成績をダウンさせているのだ。いったい、なぜそういうことになったのだろうか。

おそらく他球団のマークが厳しくなることが、一番の要因だと考えられる。プロというのは、同じ投手に、翌年も同じように抑え込まれるほど甘い世界ではないのだ。

球界では、これを〝2年目のジンクス〟と呼び、その多くが本人のメンタル、技術論などにすり替えられていく。

これを乗り越えるためには、どうしたらいいのだろうか。

その答えに正解などはない。しかし例えば、前年とは違う姿を見せること、つまり自らを進化させることは有効な対策の一つになる。

森下の場合。持ち球は直球、カーブ、チェンジアップ、カットボールの4種である。これらで当たり前のようにしてストライクが取れる。

ただここまでなら、前年と同じ。彼は〝2年目のジンクス〟に陥らないため、その対策を模索しはじめた。

その有力な候補球になったのが、1月の自主トレのときに前田健太（米ツインズ）から投げ方を教わったというスライダーとツーシームだった。

特に、左打者に対して外角へ逃げるツーシームは、できれば2021年シーズン中にマスターしたい球種の一つだった。

どっちが先輩？

2021年の沖縄キャンプ。森下の目の前に、良きライバルが現れた。

そのライバルの投手というのは、森下と大学日本代表でチームメートだったドラフト1位ルーキーの栗林良吏である。

栗林と森下は、かたや名城大のエース、かたや明大のホープとして第29回ユニバーシアード大会（2017年）を、共に日の丸を背負って戦った。

2020年ドラフト会議当日。栗林が、カープから1位指名を受けた直後のことだった。森下から彼の手元に1通のメールが届いた。

「おめでとうございます！　また一緒に野球ができますね」

ここに至るまで、2人の間には小さなプロローグ（物語）があった。

遡って2018年秋。名城大のエースとしてノーヒットノーランを含む大学通算32勝を挙げていた栗林は、記者会見場でドラフト指名の一報を待っていた。ところがついに、栗林の名前が読み上げられることはなかった。

まさかの指名漏れ。彼は、予め内定を受けていた地元のトヨタ自動車へ進むしか道はなかった。

一方、同じ境遇（大学エース&日本代表）にあった森下は、その翌年（19年）にカープから1位指名を受けた。

あの日、森下が送信した〝また一緒に野球ができますね〟の一文は、それぞれの人生に人知れぬ重みを感じさせるものだった。

栗林は、その後、社会人野球で心身ともに鍛え直す（後述）。そしてあの涙のドラフト会議から2年が経過した時点で、社会人ナンバーワン投手と呼ばれるようになっていた。

私は思う。栗林の投げる球は、厳しい社会を経験した投手が投げる球である。つまり人一倍強い魂が宿り、その結果、ズシリとした重い球質を感じさせる。

こうして栗林と森下の二人物語〈第2幕〉がはじまった。年齢では栗林が1年先輩、プロの世界では森下が1年先輩という間柄になる。

キャッチボール

２０２1年2月9日。栗林は入団後、はじめて森下とキャッチボールをした。

そのときの栗林の感想である。

「森下のすごさを感じた。真っすぐの伸びがすごくきれい。タテにきれいに回転し、縫い目が見えないくらい回転数が多かった」

森下のストレートは、計測された数値で言えば、２４００回転（毎分）である。米大リーグ投手の平均が２３００回転くらいと言われているので、彼のストレートが、いかにすごいかが分かる。つまり、栗林の感覚は正しい。

しかし当時メディアに追われ、連日報道されていたのは、森下ではなく、栗林の方だった。

一方の森下は、わが道を行くというか、黙々と対外試合への準備を進めていた。その頃、投げ方を試していたのがツーシームだった。

森下は、こう言った。

「結果が悪いと気分も良くない。打たれないことと、しっかり投げ込むことを意識したい」

平凡に聞こえるかもしれないが、この言葉の持つ意味は大きい。

私は、こう思う。森下は、単に目先の勝ち星のためだけに投げているのではない。その時点のチームの成績（順位）とかも、あまり関係ない。

彼はマウンドに立つと、それを超えた純なスポーツの世界に入っているのではないか。だから、打たれるとシンプルに〝気分が良くない〟のだ。

〝負けたくない〟。その芯にあるものは、子どもの頃に野球を志したときの純な気持ちと変わっていない。投手たるもの、これがなくして、いい投球はできない。


沖縄キャンプ中のことだった。

森下が、ＮＨＫ広島の単独インタビューに応えた。その取材の最後に、このシーズンの意気込みを一言で色紙に書いてほしいというリクエストを受けた。

彼はそのとき、４分間も悩んだという。おそらく本気で考えると、なかなか答えが見つからなかったのだと思う。そして彼が色紙に書いた言葉は……。

「とにかく勝つ！」

いろいろ考えた末に、まるで子どものようなストレートな表現になった。ここに森下の「勝つこと」に対する執念のようなものが窺える。それが、プロ野球人なら誰でも持つべき〝心の芯〟にならなければならない。

ウラを返せば、多くの選手たちがプロに入ってから、この世界の〝しきたり（慣習）〟のようなものに染まりすぎているように見える。

新球と球数

同年３月７日ヤクルトとのオープン戦。森下が先発し、彼の２０２１年シーズンが静かに幕を開けた。森下は４回を投げ、許した走者は内野手のイージーエラーによる１人だけだった。しかもその走者は併殺で退けたので、結局、４回×３人＝延べ12人の打者を無安打、無失点に抑えた。そのときＴＶ解説をしていた野村謙二郎がこう言った。

「全くスキがありません」

私も同感だったが、私の視点はもう一つ、別のところにあった。

私は、彼の球筋をジッと観ていた。はっきりとは分からなかったが、確かに左打者に対して、ひょっとしたら新球ではないかと思われる球が２、３球あった。しかし、いずれもボール。

彼は、新球について記者に問われ、こう答えた。

「制球がもう少し。苦しくなったら使える球になってくれたらいい」

つまり彼は、シーズンははじめから新球を多投するつもりはなかった。もし打たれたら、そのときに新しい武器を…というスタンスだったのである。

あの若さで、もう危機管理がしっかりとできている。つまり、森下は〝２年目のジンクス〟の本質をよく理解していたのだ。

その2年目の森下について、多くのプロ野球解説者が、取り組むべき課題について語っていた。前年に、規定投球回数に達したセ・リーグ6投手（前述）のなかで、1イニングに要した球数の平均（16・63）が最も多かったからである。

もっと球数を減らさなければ、長いイニングを投げられない。そういう課題を指摘されていたのである。

本人もそれを意識し、これに関する発言もあった。

「もっと球数を減らしたい」

ただ私は、その考えにストレートには賛同できなかった。その理由を書くと、次のようになる。

彼の投球の最大の魅力は、コースいっぱいに投げる伸びのある速球である。確かに、審判のクセによって、きわどいコースの球がボールと判定されることも多い。しかし彼は、その付近の出し入れによって、前季ルーキーながら球団最多の124三振を奪った。

言うまでもなく、奪三振というのは、相手チームの戦意を殺ぐという意味で、大きな効果がある。数値で示せば、凡打を「1」とするならば、奪三振には「1・2〜1・5」くらいの価値（意味）があると思っている。

そういう意味で、彼の投球を、少ない球数で打たせて取るというスタイルに変更する必要は全くないと思う。三振を奪うためには、最低でも3球が必要である。

もっと言えば、奪三振シーンは、投手にとっても打者にとっても絵になる。勝負がはっきりと形になって見えてくるからである。しかし平凡な内野ゴロでは、絵にならない。つまりゴロアウトなどでは〝情〟で訴えてくるものが少ないのである。

もちろん投手生活の晩年においては、そういう考え方（打たせて取る）も必要になってくるだろう。しかしいまの森下に、それは当てはまらない。

3つのボール球を投げられるのは、投手の権利である。それらを使って打者の打ち気を読み、そして堂々と正面から勝負し、バッタバッタと三振を奪ってほしい。その空気が、カープの士気を高めると思うからである。

好スタート

2021年の開幕直前のことだった。佐々岡監督が、ルーキー栗林をクローザーに起用することを公表した。

ちょうどその頃、地元新聞社がLINEを使って「今季のカープを引っ張るのは誰か」というアンケート調査を行った。

すると、段トツ1位は森下（210人）だった。そして2位・栗林（96人）、3位・鈴木（85人）、4位・大瀬良（80人）、5位・堂林（46人）と続いた。

興味深かったのは、2年連続ドラ1の森下と栗林が、上位ワンツーを占めたことだった。どの球団でもそうだが、ファンには、毎シーズン違った楽しみ方がある。このシーズンのカープファンの楽しみ方は、自然に、先発の森下が最多勝を獲り、抑えの栗林が最多セーブで新人王を獲るということになった。

大衆が描く夢というのは、そのくらい大雑把なものでよい。結果がどうであれ、そういう目標を描き、それに向かって一喜一憂しながら邁進していくというのが、賢いファンの応援スタイルだからである。

もっとはっきり言えば、応援の極意というのは、できるだけ〝勝ち馬〟に乗って、たくさん楽しむことである。

3月30日。はやくもその形が実現した。

開幕2カード目。6連戦の初戦となった阪神戦で、2年目の森下が先発した。相手投手は、前年カープから4勝（0敗）を挙げていた、天敵ともいえる西勇輝だった。

この試合について、森下はこう語っている。

「いろんな人の支えがあった。感謝の気持ちを込めて〝何が何でも勝ってやる〟という思いでマウンドに上がる」

２段モーションの投球フォームは、前年とほとんど変わりがなかった。少し変わったのは、体をホームベース（打者）寄りに突っ込ませないためだと思われるが、左足を一塁側（外）に傾けて上げるようにしたこと。これにより、内股に力が入る。

そしてもう一つ。前年から変わったことと言えば、真っ黒だった毛髪が、茶髪に変わったことだった。

ただ、やはり右打者への外角高めのストレートが、ボールと判定されることが多かった。このため球数は６回までに１００球に達した。しかし、彼特有の球のキレと、粘り強い投球は健在だった。

４回、唯一のピンチ（1死満塁）を迎えたときだった。シーズン当初、セ・リーグ新人王の有力候補に挙げられていた佐藤輝明を打席に迎えた。この状況で、明らかに森下のギアが上がった。森下は、この日最速の１５２キロで佐藤から空振り三振を奪った。そして当たり前のように、後続の梅野隆太郎を内野ゴロに仕留めた。

６回表を投げ終えた時点で、森下は延べ22人の打者に対し、わずか1安打投球、７三振を奪っていた。そして森下は「何が何でも勝つ」という強い思いで、そのウラの先頭打者として打席に向かう準備をしていた。

ところが佐々岡監督が、そしらぬ顔をして球審に〝代打・メヒア〟を告げた。一瞬、森下の表情が曇ったのがテレビ画面に映った。しかし彼は、すぐに気を取り直すようにして、ベンチ最前線に出て声援を送った。

そのメヒアが左前にヒットを放つ。そのあと代走に出て、犠打で二塁に進んでいた曽根海成が、菊池涼介の左前ヒットで生還。これでカープが1対0で均衡を破った。

その後、カープはこのシーズン序盤の勝ちパターンとなる森浦大輔（7回）、塹江敦哉（8回）、栗林良吏（9回）の継投で、この1点を守り切った。

森下は、佐々岡監督の勝負の一手（代打・メヒア）によって、1試合目を白星で飾った。そして球団の新人王のなかで、大瀬良も野村も果たせなかった厚い壁（2年目の1試合目で勝利）を破った。

そしてもう一つ。この試合で早くも森下が先発し、栗林が締めるというカープファンの夢の形が実現した。後日、栗林はこう語った。

「森下には、キャンプのときからいろんなことを教わった。そういう意味で、自分が投げて森下に勝ちがついたのは嬉しかった」

一方、森下の言葉である。

「（栗林さんとは）大学の頃から一緒にやらせてもらった。プロに入ってからも面倒を見て（後ろを抑えて）もらって、感謝しています」

これからカープの「18」から「20」への2人だけの黄金リレーは、果たしていつみられるのだろうか。

完封一番乗り

翌週4月6日。2回目の先発は、前季に4度対戦し、3勝（0敗）を挙げていたヤクルト戦（神宮）だった。

観客席には、大学時代（明大）の仲間たちが応援に駆け付けた。森下にとって、彼らの声援は追い風になる。

8回まで2対0でカープがリード。森下は被安打5で無失点、快投を続けていた。しかし球数が105となり、ブルペンで栗林が準備を開始した。

カープファンの誰しも、このときはじめて森下→栗林という夢の直接リレーが実現するものだと思っていた。しかし9回表。前の登板で途中交代させられた森下と、その心境に思いを馳せた佐々岡監督の間で、微妙なやりとりがあった。

結局、森下に代打は送られず、そのまま打席へ。そして四球を選んで出塁。森下は投球練習をしないまま、9回ウラのマウンドへ向かった。

やはりというか、このシーンに、スタンドの半分近くを占めていたカープファンから大きな拍手が湧いた。

佐々岡監督は、こう明かす。

「100球を超えていたので代えようと思っていた。しかし森下が9回も行きたいと目で訴えてきたので……」

その9回ウラ。森下は先頭打者の山田哲人に左翼線を破られ、無死二塁のピンチを迎えた。

この場面を森下は、こう振り返る。

「自分で行くと言った以上、点を与えることはできませんでした」

私はそのシーズンはじめて、森下のものすごい形相を見た。この回、坂倉将吾のサインに首を振って投げた球は、その日最速の152キロ。

一段とギアを上げた森下は、4番・村上宗隆を一塁ゴロ（走者は三塁へ）、後続の塩見康隆を火の出るような速球で見逃し三振、そして代打の元山飛優を二塁ゴロに打ち取った。

これで開幕から15回連続無失点。森下は、セ・リーグ一番乗りで前季8月以来となる完封勝利を飾った。彼は、試合後、こう語った。

「内野が前進守備を敷いていなかったことは分かっていた。しかし1点もやるつもりはなかった。

失点すると、明日にもつながる」

試合後、私はたまたまテレビ画面で、これまであまり見たことのないシーンを観ることになった。

山田、村上、塩見、荒木、西浦……。ヤクルトの各打者が、しばらくの間ベンチに座り込んだまま、誰も立たなかった。私の見間違いだったかもしれないが、一人の選手がタオルで顔を押さえ目頭付近を拭くシーンが目に入った。

試合後、悔しさを滲ませたヤクルトベンチ。ヤクルト打線は手ごわい。私はそのシーンを観ただけで、そう思った。

高津臣吾監督の言葉である。

「森下への対策は十分に練っていた。ただ連打するのは難しかった」

私の思い込みかもしれないが、「打倒、森下」の強い思いは、その後のヤクルトの快進撃の原動力の一つになった。

途切れた不敗神話

４月20日。次のヤクルト戦だった。

森下は雨のためスライド登板となった阪神戦（14日）で敗れ、このヤクルト戦では、中５日で登板した。前の試合のこともあったので、私は食い入るようにしてテレビ画面を観ていた。

この試合。多少の制球の乱れはあったものの、球威は十分にあった。しかしヤクルト打線の執拗な攻撃で、わずかなスキを突かれた。

5回まで1対0でカープがリード。しかし6回に山崎晃大朗に三塁打を打たれたあと、中村悠平の右犠飛で同点に追い付かれた。

さらに7回1死三塁の場面。代打・川端慎吾の右前適時打で1対2と勝ち越される。この間、森下に〝わずかなスキ〟があった。

森下は7回を投げ、5安打2失点に抑えて好投したように見えた。フツーなら十分に責任を果たしたということになるが、試合には敗けた。

そして、ここまで2シーズンで5戦4勝だったヤクルト戦で初黒星を喫し、同戦での不敗神話が途切れた。私の見方はこうだった。

「ヤッパ、プロというのはすごい」

連続で数試合を抑えることができたとしても、相手はその投手を攻略するため、あらゆる手を尽くしてくる。それが、プロの定めだと言ってもよい。

その一方で、野球の見方というのは面白いものである。

この敗戦について、同シーズンから民放でプロ野球評論（ＴＶ解説など）をしている元カープ捕手の石原慶幸はこう分析した。

１対１から逆転を許した７回のヤクルトの攻撃。先頭打者・松本友に対し３ボール１ストライクのあと、森下は坂倉のサインに二度首を振った。そしてカットボールを投げ、フルカウントに戻した。

その後、森下はまた三度首を振って、カットボールを投げた。これがボールとなり四球。この出塁が逆転のランナーになった。

石原は、森下が続けて（二度＋三度）首を振ったにも関わらず、彼が投げたい球（カットボール）に気付けなかった坂倉の読みの甘さに注文をつけた。

あの場面。少しイラついたように見えた森下の表情から、石原は打たれるかもしれないと思ったという。そして案の定と言うか、１死三塁になったあと、代打・川端慎吾に勝ち越しの右前打を許した。私が書いた〝わずかなスキ〟というのは、これに当たる。

この試合後。横山竜司・投手コーチからも、技術的な指摘を受けた。

「少し、体が開いている」

おそらく石原のメンタルな指摘と、横山コーチの技術的な指導は、同じ線上にあったのだと思われる。

次の試合に向け、彼はこれを修正・克服してくる。

4月27日のDeNA戦だった。この試合後、横山コーチはこう話した。

「今季一番の投球ができた。制球も変化球のキレも良かったし、本人の感覚に近い球が投げられていた」

この試合は10対1でカープが圧勝。森下は8回を投げ、被安打3、失点1の好投で、チームトップタイの3勝目を挙げた。

しかし森下が順調に勝ち星を伸ばしたのは、ここまでだった。以降、長いトンネルが彼を待っていた。

それにしても、私があのとき観たヤクルトベンチの敗戦後の印象的なシーンが、私の頭から離れない。果たして誰が、そこからカープが、実に3か月以上にわたってヤクルトから勝利を挙げることができなくなることを予測したであろうか。

結果的にカープは、7月10日、先発に転向した大道温貴の好投によってようやく5対0で勝利を挙げるまで、ヤクルトに引分けをはさむ8連敗を喫し、ペナントレースから大きく後退することになった。

どえらい守護神

開幕から1か月が経過した頃だったと思う。広島の街が少しザワつきはじめた。

「なんというルーキーだろうか」

２０２０年にカープファンは森下に驚かされ、そして翌21年には、それと同じように栗林に驚かされることになった。

ここからは、森下の恰好のライバルとなった栗林の話である。

栗林はルーキーでクローザーを任され、6月13日のオリックス戦で失点するまで、開幕から22試合連続無失点を続けた。これは、球団新記録である。

さらにカープファンが驚いたのは、彼が20年11月の都市対抗野球大会1回戦で2ランを浴びて以降、プロに入ってからオープン戦も含めて、その試合まで公式戦で一度も失点したことがなかったということである。

「今季はクローザーをやってもらう」

佐々岡監督からそう告げられたときに付け加えられた言葉が、その後の栗林を支え続けた。

「結果が出ても出なくても、責任は俺が取る。全力で投げてくれ」

栗林はこう言った。

「今季は特別ルールでクローザーが投げるのは、ほぼ9回と決まっている。ルーティンなどしっかり準備をして臨みたい」

マウンドに上がるとき、彼は必ずグラウンドに一礼して心のなかでこう祈る。

「お願いします。抑えさせて下さい」

3月27日の中日戦。プロ初登板のときに、永川勝浩コーチを含むブルペン全員が拍手で送り出してくれた。これが大きな勇気になった。

栗林はこう言う。

「ピンチの場面でボールが続くと、ファンの皆さんが拍手して、自分の背中を押してくださる」

その初登板の試合で栗林は、子どもの頃から夢に見ていた中日を相手に初セーブを挙げ、そこから長い連続無失点記録への旅路を歩むことになった。

持ち球は、最速154キロのストレート、落差のある2種類のフォークボール、精度の高いカットボール、そしてタテに曲がるカーブである。

どの球でも勝負球にできるが、特に、意図して三振を取るためのフォークボールは、彼の代名詞のようになっていった。

あれは、栗林の存在感を決定的にした4月25日の巨人戦だった。

７回まで８対２でカープがリード。しかし８回ウラ、シーズン当初のカープ自慢のリリーフ陣（森浦大輔、大道温貴、塹江敦哉）が打たれ、８対８の同点に追い付かれた。

しかし９回表。その頃、売り出し中だった中村奨成の二塁打と菊池涼介の中犠飛で９対８とし、再びカープがリードした。

このとき９回のマウンドに上がった栗林は、巨人のクリーンアップ（丸佳浩、岡本和真、中島宏之）を三者三振に仕留めた。このときの栗林の言葉である。

「リリーフのミスはリリーフで取り戻す」

栗林は、いつのまにかブルペンの中心に立っていた。

栗林がおって良かった

５月８日の中日戦（バンテリンドーム）。

私は、さらにすごいシーンを観た。そこまでカープは１分けを挟み６連敗。どうしても負けられない試合だった。

先発は、ケガで離脱した大瀬良に代わってチームをけん引していた九里亜蓮。７回表まで４対２でカープがリード。久しぶりに勝ちパターンの継投に入った。

しかし７回に登板した中田廉が打たれ、１点を失い４対３。ベンチは急遽、８回に登板する予定だった塹江敦哉をマウンドに送った。そして何とか7回を乗り切った。

しかし再び8回のマウンドに立った塹江が打たれる。1死満塁のピンチを迎え、カープベンチが動いた。のちに佐々岡監督はこう語っている。

「あまり（栗林を）使いたくなかったが、チーム状態を考え、試合前から考えていた」

一方の栗林である。

「8回から行ける準備を、と投手コーチから声を掛けてもらっていたので、心の準備はできていた」

まるで劇画のように展開した8、9回の長いドラマは、ここからはじまった。

1死満塁。もう1点もやれないという場面で、プロに入ってからまだ失点していなかった栗林がマウンドに向かう。ここで中日ベンチも動く。

すでに左の塹江に対し、右の武田健吾が代打に送られていた。しかし右の栗林に対し、中日ベンチは、代打の代打としてベテラン・井領雅貴を打席に送った。

栗林はこう考えた。

「外野フライはダメ。ここは内野ゴロ併殺か、奪三振しかない」

正直な話、私は、この徹底した狙いが本気で実行に移されたことに驚いた。理屈はそうであっても、現実には…というのがフツーである。

栗林は1球目から全球、膝下からベース付近でワンバウンドするようなフォークボールを投げた。この球をたとえバットに当てたとしても、カープの西川龍馬ならいざ知らず、外野へ飛ばすことはできない。井領は、3球のうち2球を空振り。そして栗林の意図を読み、バットを短く持ち変えた。

この場面。井領の動作をジッと見ていたバッテリーの選択として、高めのストレートもあったと思う。しかし、それでも栗林は4球目にフォークボールを投げた。

その外角低めのフォークボールに、井領は、体を投げ出すようにしてバットに当てた。これが投前に転がる。

一目散にダッシュしてきた栗林が、これを拾って本塁↓一塁で併殺。栗林は、自分の筋書きどおり、この回をゼロに抑えた。

「すごい！」

私は、彼の筋書きを描く力と、それを臆せずに実行に移す能力の高さに驚かされた。

そして9回。彼は一転してストレート勝負に出た。しかしその球が高めに浮き、2者連続四球。無死一、二塁のピンチを迎えた。しかし慌てる気配は全くない。彼はその後、チェンジアップを軸にした投球に切り替えた。

そして途中出場の滝野要から見逃し三振を奪ったあと、4番・ビシエドには5球フォークボールを続け、空振り三振。5番・高橋周平もフォークボールで二塁ゴロに抑えた。それはまさしくチームを救う23球だった。

佐々岡監督が安堵し、思わず記者団に漏らした、広島弁丸出しの一言がいまでも忘れられない。

「栗林がおって良かった」

ドン底のカープ打線

まるで劇画のようだった栗林の投球を観ていたのは、カープファンだけではなかった。

これに大きな刺激を受けたのは、そこまで3勝3敗、イマイチ調子に乗り切れていなかった森下だった。彼のテーマもまた、栗林と同じように「点を与えないこと」である。

その4日後の5月11日ヤクルト戦だった。

先発した森下は、プロ入り最多の6四球を与えるなど制球に苦しみ、毎回のように走者を許した。しかしそこから踏ん張る。

「ともかく点を取られないことだけを意識しました」

その結果、森下はそのシーズン最多の127球を費やしたものの、それでも7回を無失点に抑えた。

特に7回2死二、三塁のピンチの場面で、中村悠平を150キロの速球で二飛に仕留めたときの投球には、フツーでない迫力を感じた。

「栗林に負けない！」

そういう気迫のようなものを感じたのは、果たして私だけだっただろうか。こうして森下は、完封勝利を飾った4月6日以来、5試合ぶりに無失点でマウンドを降りた。

しかしその頃、カープ打線はドン底の状態にあった。その試合もまた、相手投手の田口麗斗に巧みにかわされゼロ行進。0対0の引き分けに終わった。

この時点で、森下の防御率は1・84。セ・リーグ投手成績の2位につけた。しかし、勝ち星は遠かった。

〝広島は屈しない〟

世の中というのは、何が起きるのか一寸先も見えない。5月17日。広島の街にショッキングなニュースが流れた。

おそらくこれまで、そしてこれからも〝二度と起こらないであろう〟出来事が、突然カープを襲った。

「菊池、小園、正隨の3選手がコロナ陽性判定」

菊池涼介が39・8度の発熱を訴え、球団が1軍にいる選手・監督・コーチ・スタッフ75人のP

CR検査を行った結果、判明したものだった。

折しも、広島県は市中でのコロナ感染が収まらず、国の緊急事態宣言の下にあった。しかしこのときカープは、1軍と2軍の選手を大幅に入れ替えて、18、19日の巨人戦を戦った。

そして20日。1、2軍全員（146人）を対象にした2回目のPCR検査で、新たに鈴木誠也、長野久義、石原貴規、羽月隆太郎、大盛穂の5選手とコーチ、スタッフ計7人の陽性が判明した。いわゆるクラスターの発生である。

その結果、21日からの阪神3連戦は、中止になった。

その後、球団は毎日PCR検査を実施し、チーム内の感染状況を逐次チェックする体制を取った。しかし23日には、九里亜蓮の陽性も判明。

その前日、保健所から、森下暢仁と高橋昂也が濃厚接触者に指定され、2人は規定によって2週間の自宅待機が求められた。

こうしてカープは、それでなくても手薄になっていた戦力に決定的なダメージを受けることになった。

いったい誰が、あの試合（ヤクルト戦）を最後にして、森下が23日間も実戦から遠ざかることを予想したであろうか。

これらの結果、25、26日の西武との交流戦は中止。しかし、その後のPCR検査で3日間陽性者ゼロが続いたため、ようやく27日（８日ぶり）に西武戦が再開された。ただ試合が再開されたとしても、戦力の見通しは立たない。

そこまでカープは16勝20敗５分け。主力投手は九里（５勝）、森下（３勝）、高橋昂（２勝）の３人だった。つまり16勝のうち10勝（62・５％）を挙げていた投手３人が出場できないのである。

さらにその頃、野手（攻撃陣）の主な得点源は、菊池、鈴木、羽月、小園海斗の４選手だった。特に、菊池はそのとき打率３割４分２厘で、２位以下を大きく引き離すセ・リーグの首位打者だった。

その投手、野手の主力７選手を欠いて、カープはどのように戦っていけばよいのだろうか。広島の街に、まるで白旗を挙げたような悲壮感が漂った。

しかしカープという球団はオーバーに言えば、戦後の復興期も含め、幾多の試練を市民らの力で乗り越えてきた。

「広島は屈しない！」

このときカープファンが手作りした大きなポスター幕の文字が、やけに心を打った。

捨てる神、拾う神

人の世の処世訓として、日本には〝言い得て妙な〟表現がある。

「捨てる神あれば 拾う神あり」

この世には人を見放す神もいるが、それを機に、人を救ってくれる神もいる。つまり〝ときの不運にくよくよすることはない〟という意味によく使われる。

カープには、この一大ピンチに奮起する若鯉たちがいた。これまで1軍の舞台に上がれなかった選手たちが、アッと驚く活躍を見せた。

このとき1軍に呼ばれた、あの甲子園6本塁打の中村奨成は、19日の巨人戦でプロ初の先発マスクを被った。

1対1の同点で迎えた6回。中村は、無死満塁で打席に入り、そのときリーグトップの勝ち星を挙げていた髙橋優貴の内角141キロを鋭い振りで地面にたたきつけた。

「抜けろ！」

心で叫んだ打球は、三遊間の頭上を越え、これがプロ初打点となる勝ち越しの2点打。カープはこの試合、多くの主力選手を欠きながら10対2で巨人を圧倒した。

さらに中村は捕手として九里亜蓮を完投勝利に導き、自身2安打2打点（決勝打）の活躍で、プロ初のヒーローインタビューに呼ばれた。

「亜蓮（九里）さんに教えてもらいながら、チームに貢献することができました」

以降しばらくの間、中村は捕手と外野の両方を守り、必要なときに持ち味を発揮する貴重な選手になった。
林晃汰もまた1軍に近い実力を持ちながら、なかなか日の目を見ない若鯉の一人だった。5月29日のロッテ戦。2回2死。林は、ロッテのエース美馬学の内角球を思い切り引っ張った。その打球が右翼スタンドに吸い込まれていく。

林は、三塁ベースを回ったところで小さなガッツポーズを見せた。まだ高卒3年目。プロ13打席目にして、早くも初ホームランが飛び出した。

その後、代打からスタメンへ。さらに一時クリーンアップ（5番、3番、4番）を任されることもあり、徐々に存在感を高めていった。

特に6月5日の楽天戦（後述）。6回に日米球界を代表する田中将大から放った右中間への打球は、打った瞬間にホームランと分かる、まるで新世代のはじまりを予感させるような一撃だった。

こうしてカープの〝拾う神〟は「次世代の4番候補」に「早く来い」と手を差し伸べてくれたのである。

さらにこの並びに、同じ試合（楽天戦）でプロ初ホームランをバックスクリーン左に運んだ俊足、巧打の宇草孔基が続いた。

こうして3人の若鯉が、この機を得て1軍の舞台で活躍するようになった。

森下の復帰戦

その6月5日の楽天戦。試合前に、森下はこう語った。

「大変な時期に皆さんが頑張っていたので、自分が戻った時には、力になりたいと思っていた。対戦はめちゃめちゃ楽しみです」

そのとき大きな注目を集めたのは、24日ぶりにマウンドに戻ってくる森下と、球界を代表する投手（田中将大）との夢のようなマッチアップだった。私は、まるで開幕戦を迎えるような気持ちで、田中の方ではなく、森下の一挙手一投足を観ていた。

表情、投球フォーム、立ち居振る舞いなど、特有の緊張感からくる堅さがわずかに伝わってきた。しかし、24日前と大きな違いはない。

両投手とも1、2回に安定感を欠いたものの、その後立て直して6回まで投げた。この時点で3対1でカープがリード。森下が投げ勝っていた。

しかし野球というのは、どこで流れが変わるか分からない。その分岐点は6回ウラ、1死一、二塁の場面で、森下が打席に入ったときに訪れた。

当然、ベンチのサインはバントだった。2球ファウルのあと、やはり日米で百戦錬磨の田中の投球術は巧みだった。

田中は、容易にバントできないボールを低めに集めてきた。そして最後にスプリットでファウルを取り、森下を三振に仕留めた。

一方の森下。7回、あと1回と思われたマウンドに上がった。

そのとき魔が刺したような空白感が生まれた。前の回のバント失敗が尾を引いたのか、あるいは久々の登板による疲れが出たのかは分からない。珍しく先頭打者から2者連続四球を与えてしまった。そして1死二、三塁になったところでマウンドを降りた。

そのとき救援に立ったリリーフ陣が踏ん張れず、この回に3対3の同点に追い付かれ、その後、田中を継いだ楽天のリリーフ陣にかわされカープは3対7で負けた。

試合後、森下はこう反省した。

「疲れとかではない。7回に試合の敗因（連続四球）を作ってしまった。あそこで流れを壊してしまった」

彼の認識は、間違っていないと思う。

あのとき本人の意識にはなかったと思うが、久々の登板による疲れ（スタミナ不足）が遠因になっていたことは否めない。

「同じことを繰り返さないよう、次はしっかり試合を作れるよう準備したい」

よろしい。その気持ちの切り替えがあれば、まだ十分に希望はある。

ただ何度も書くが、プロの世界はそんなに甘いものではない。

6月12日オリックス戦。森下は6回3失点でクオリティスタートは達成したものの、味方の拙守によって4敗目を喫した。

その頃から気になりはじめていたのが、カープの守備の乱れだった。この試合でも2回2死一塁の場面で、紅林弘太郎の強い遊ゴロを小園海斗が後逸（記録は二塁打）。そのあと四球で満塁。今度は、福田周平が高々と打ち上げた左中間の当たりに西川龍馬（中堅）が追い付けず、中村奨成（左翼）のカバーも遅れ、走者一掃の三塁打を許した。

つまりゼロであったはずの2回に、3点が刻まれ、カープは2対3で負けた。それでも森下は下を向かなかった。

「内角に投げ切れなかったのが、ボクの反省点。序盤に点を取られたが、6回まで粘り強く投げることはできた」

こうしてカープは、ズルズルと敗戦を重ね、セパ交流戦で3勝12敗3分け。ついに球団ワースト記録を更新した。この間、チームとして1試合も先発投手に勝ち星がつかなかったのは、セパ交流戦史上はじめてのことだった。

カープは、開幕から低迷を続けていたＤｅＮＡにも抜かれ、セ・リーグの最下位に沈んだ。

その頃、ふと頭に浮かぶ歌があった。それは、私が学生時代に社会で広く流行っていた「銀色の道」だった。

ダークダックスなどが唄う第2節の歌詞（作詞／塚田茂）は、こうである。

「ひとり ひとり はるかな道は
つらいだろうが 頑張ろう
苦しい坂も 止まればさがる
続く 続く 明日も続く
銀色の はるかな道」

開幕のときにカープファンが心に描いたゴールは、はるか先にかすんでいく。しかしこの歌のように、どんなことがあっても諦めてはいけない。それがカープというチームの伝統であり、魂だからである。

「がんばれ、カープ！」

希望の二つ星

カープには第1期（１９７９～86年）、第2期（２０１６～18年）と呼ばれる二つの黄金時代があった。言ってみれば、とてつもなく強い時期と、万年Ｂクラスといったような弱い時期があったのだ。

この点、どの球団でも同じようなことが言えるが、カープの場合は、そのギャップがあまりに大きいのが特徴である。

そのためカープと言えば、たまたま強いときのチームを思い起こす人と、弱いときのチームを思い起こす人の二つのグループに分かれる。

このシーズン。時間経過とともに、選手たちはコロナ感染の難局を乗り越えていったように見えた。しかし、そのことによる内部の弱体化は否めなかったように思う。言ってみれば、肉体的ではなく、精神的な後遺症みたいなものが残っていたのだ。

ここから先のペナントレースは、7月16・17日のオールスター戦、翌18日から8月12日までの東京五輪期間のため、約1か月間の中断に入る。

6月中旬までのカープ先発投手陣は、一時ほぼ総崩れ。その影響で開幕から好調を続けていたリリーフ陣も乱れた。そのなかで奮闘した森下と栗林。さらに一時先発の穴を埋めた大道温貴、玉村昇悟の台頭は、せめてもの救いだった。

一方の野手陣は、景色を大きく変えた。一番大きかったのは、3年目の林晃汰の目の覚めるような活躍だっただろう。これから先、カープはこの打者を2、3年かけて主砲に育てていくことになる。

さらにコロナ感染したものの、小園海斗、石原貴規の急成長も見逃せない。つまり野手陣は、全体としてレベルが上がった。

しかしここまで不振を極めた投手陣と、メンバーを代えて戦った野手陣がうまくかみ合わなかったように思う。特に得点を挙げた直後に投手が打たれるシーンが後を絶たず、試合運びのまずさも露呈した。また大事な場面で凡ミスも目立ち、集中力の不足も気になった。

またカープが弱い時代に入っていくのではないか。その頃、そういう切ない思いを感じはじめることもあった。

しかし7月10日のヤクルト戦から14日の中日戦まで、カープはいかにもカープらしい戦い方で4連勝（後述）を飾った。その中心にいたのが、森下と栗林だった。

カープにはいつも二つの希望の星がある。この2人のドラマ性が、カープを救ってくれるのではないか。

第1期・黄金時代の山本浩二と衣笠祥雄。第2期・黄金時代の黒田博樹と新井貴浩。彼らは、そういうツインの関係にあった。

森下と栗林には、何があっても屈しない〝諦めない姿勢〟がある。そして、そのことが人々に勇気を与え、共感を誘う。そのためカープがどんな状況にあっても、彼ら2人の胸のすくような投球がみられるなら、それで十分だと思うときもあった。

つまりこの時点では、同じチームがシーズン終盤になって怒涛の追い上げを見せることになるなど、あまり想像できないことだった。

次章では、そのとき主役を演じた2人の投手の魅力を、さらに深く掘り下げて考えてみたい。

第3章　森下に惚れ、栗林にしびれる

森下の素顔をとことん知るために、時計の針を春先まで巻き戻してみたい。

2021年3月30日。森下が、そのシーズンの初白星を飾った阪神戦だった。ヒーローインタビューで、すっかりリラックスした森下が、人差し指を立てて両腕を顎の下で交叉させる可愛らしいポーズで場内の笑いを誘った。

「モリペイでーす」

モリペイ？　それが何を意味していたのか、近年のエンタメにうとい私には、よく分からなかった。あとで訊くと、どうやら人気お笑いコンビ「ぺこぱ」のシュウペイという人物に因んだ一芸のようだった。

その人物（成田秀平）の映像をネットでチェックしてみたら、本当に区別がつかないくらいよく似ていた。

森下によると、このパフォーマンスを仕込んだのは、一緒にお立ち台に立った菊池涼介だったという。この一連の仕草（行動）に森下の本性が、垣間見えた。

明大時代にバッテリーを組んでいた西野真也（前述）は、こう証言する。

「野球をしているときとプライベートでは、全く雰囲気が違います。普段はとにかく、よく笑うんです。初勝利を挙げた阪神戦で披露した〝シュウペイポーズ〟の笑顔が、いつものあいつの表情です」

その翌日。広島の民放ＴＶ各局が、あのポーズと笑顔を取り上げた。それが、コロナ禍の広島の街を明るくしてくれた。

世の営み（プロ野球）というのは、当事者の本性が見えたとき、いっそう親しみが増す。そして、人々に束の間の安らぎを与えてくれる。

覚えておこう。生まれつき〝お茶目な〟性分は、森下の持ち味の一つである。もちろん本物のシュウペイよりも、モリペイの方が数段、可愛らしい。

２人で見た夜空の月

さらに、森下が３勝目を挙げた４月27日のＤｅＮＡ戦だった。

この試合で５打数３安打を放ち３打点の活躍をみせた羽月隆太郎と共に、ヒーローインタビューに呼ばれたときのことである。森下がこう言った。

「昨日の夜、月を見て（羽月と）一緒に頑張ろうね、と言って寝ました」

この言葉がまた、ファンの心を和ませてくれた。

森下は２０１９年のドラフト１位の投手、羽月は18年のドラフト７位の野手。年齢は、森下の方が３歳上である。

ファンは当然、この２人の関係に興味を持った。２人は、夜空の月とどういう関係にあったのだろうか。すぐにメディアのチェックが入った。

それによると、こうである。2人は、独身。広島で試合があるときは、廿日市市大野にある独身寮から球場に通う。

4月26日の夜は、満月だった。天気も良いので、2人で屋上に上がって月を眺めようということになった。森下は、そのときの会話を披露したのである。

ちなみに森下は大分県、羽月は鹿児島県の出身である。そのとき夜空の月を眺めながら、2人で遠い故郷（九州）のことに思いを馳せていたとしたら、もうこれはロマンの世界である。

ガチで戦うスポーツマンにとって、心を穏やかにしてくれる望郷の念（気持ち）というのは大切である。あの試合の2人の活躍は、前夜に見た月のおかげ…だったのかもしれない。

私の拙い考えだが、プロ野球選手というのは、結局のところ、人間力が勝負なのではないかと思う。どれだけ大局的な視野に立てるのか、またどれだけ人の心理が読めるのか。その辺りに勝負の分かれ道があるような気がしてならない。

それは、真のスポーツマン（勝負師）の〝人間的余力〟と言っていいかもしれない。

ネットの声、ナマの声

森下は、ネット社会でも話題を集めている。特に、若い女性の反応が多い。総じて言えば、「イケメン」という声と「かわいい」という声が飛び交っている。つまり凛としたイケメンなのに、子どものような可愛らしさがある…という二面性が特長である。

「森下くん、イケメン過ぎて困る。許しませんよ」

「爽やかなイケメンで、大谷翔平のような優しいイメージが素敵です」

「笑顔が子犬みたいで、女性の心を鷲づかみにしています」

どのコメントもメルヘンチックで、とても野球選手のものとは思えない。

実のところ、森下は小さい頃から子どもが大好きで、いまでも「小さな子どもを見ると心が癒される」という。

そして、好きな食べ物はドーナッツとバームクーヘン。それを食べている姿を想像するだけで〝胸キュン〟になる女性もいる…らしい。

一方で、ナマの声も好ましいものばかりで、他者の追随を許さない。私の20年来の友人（広告ディレクター）はこう話す。

「あのアイドル顔負けのルックスで、あのような美しい投球をされたらしびれますよ。表情、スタイル、投球フォーム、球筋、立ち居振る舞い、すべてが美しい。ドラフトでカープが一本釣りするというストーリーも美しすぎました」

そしてもう一人。私が、長く仕事を一緒にさせてもらった地元TV局の女子アナ（現役）の言葉である。

「マウンドでの立ち姿がとてもきれいです。そこでの真剣な表情と、普段の可愛らしい笑顔とのギャップが魅力なのではないでしょうか」

考えてみると、森下のようなソフトなイメージを持ったプロ野球選手は、そもそも数が少ない。わずかに〝ハンカチ王子〟の愛称で全国の野球ファンに親しまれた、元日ハムの斎藤佑樹が頭に浮かんでくる。しかし彼がプロ野球界に入ってからの人生や環境を比較してみると、現時点、森下とはかなり異なる。

斎藤は入団11年目を迎えた2020年秋、右ヒジ靭帯断裂が判明し、リハビリを続けていた。そこまでの成績は、88試合に登板し15勝26敗、防御率4・34だった。

斎藤には、高校時代に田中将大（現・楽天）に投げ勝った強いイメージと、そのときそっと額をぬぐった青いハンカチの優しいイメージが、いまでも人々の脳裏に焼き付いている。

しかし2021年9月、彼はこの季限りでの現役引退を表明した。また一つ、野球の名ドラマの主人公が舞台を去っていく一抹の寂しさを禁じ得なかった。

心のタイムカプセル

表向きシャイな森下が、イケメンのアイドル的スターだとすれば、栗林は、この方向とは趣を異にしている。

一口で言うならば、栗林はコメント力に優れ、受け応えがパーフェクトで、有能かつスマートな優等生アスリートといったイメージである。

この受け応えのうまさについては、地元のテレビ局でも話題になった。何を訊かれても、どこを突っ込まれても、きっちりと模範回答が返ってくる。

いま彼のグローブには、「謙虚」という文字が刺繍されている。こういう実直な性格は、いったいどのようにして育まれてきたのだろうか。

栗林は、１９９６年7月9日に愛知県愛西市で生まれた。

野球をはじめたのは、小学生時代に所属した軟式野球の「勝幡ドラゴンズ」。中学生時代に所属した「藤華クラブ」までは内野手だったが、その後、愛知黎明高校に進学してから投手に転向した。

彼の名前が徐々に知られるようになったのは、３人のノーベル賞受賞者を輩出した名城大学に進学してからのことである。

愛知大学野球リーグ。栗林は1年の春季から登板し、3年の春季にはノーヒットノーランを達成した。そしてリーグ通算で32勝を挙げた。3年生の時には、大学日本代表にも選ばれ、そのときに明大の森下と出会った。

この、どちらかというと華々しい球歴からして、2018年ドラフト会議では、かなり上位で指名されるのではないかと思われていた。しかし結果は、前章で書いた通り（指名漏れ）だった。

ドラフト会議当日。プロ野球選手としての第一歩がはじまると思われた栗林の実家に、一通の手紙が届いた。差出人は「栗林良吏」だった。

たまたま日にちが重なったのか、あるいは誰かが仕掛けたのかは分からないが、それは小6のときに、学校の企画で制作したタイムカプセルに収められた自分への手紙だった。

自身が直筆で書いた手紙のタイトルは、「10年後の自分へ」だった。そこにはこう書いてある。

「僕はかしこくないけど、野球が好きです。プロ野球選手になりたいです」

この手紙が、あの運命の日に届いたのである。

私は、この手紙の内容を実現するため、さらにその日から要した心のタイムカプセル（社会人の2年間）が、栗林の今日を創ったことを信じて疑わない。

恩師との二人三脚

人間、誰にも恩師と呼べる人がいる。

しっかりと意識できるレベルにある場合と、そうでない場合があるが、ただ人生というのは、恩師なくしてはやっていけないようなところもある。

どうでもいい話になるが、私の場合は、その一人が小学校3、4年生のときに担任だったN先生である。N先生は、私がいる目の前で、母にこう言った。

「この子は文章を書く才能がある。夏休みの毎日、作文を書かせなさい」

その言葉を真に受けたのは、母だけではなかった。私は自ら、他人に言われなくても毎日、思い付いたことをノートに綴るようになった。もちろん面白半分に…ではあるが。

2人目は、中学時代の国語のM先生だった。

あるとき宿題の作文に夏目漱石の『吾輩は猫である』をパロディにした『吾輩は人間である』という作文を書いた。そのときM先生がこう訊いた。

「これはどこから書き写したのか？」

これを独力で書いたことを告げると、M先生の態度が少し変わった。しばらくの間、その作文を返してもらっていないことが気になっていたが、いつのまにか忘れてしまった。もちろんいまでも、その作文は返してもらっていない。

こうして私は「書く習慣を身に付けること」をN先生から学び、そして「独創性の大切さ」をM先生から学んだ。

そして、あの頃から60年以上が経過したいまでも、売れないローカル作家として、そのときの心得を忘れずに、拙い文章を書き続けている。おっと、話が大きく逸れてしまった。ここまではイントロの話である。

ここから書くのは、栗林のブレークによって、彼の恩師・山内壮馬（名城大コーチ）にスポットが当てられるようになったという話である。


山内は、２００７年ドラフト１巡目で名城大から中日に入団した。２０１２年には自身初の2桁勝利（10勝）を挙げ、その後、２０１６年に楽天に移籍。現役引退後には、母校・名城大のコーチに就任した。山内は言う。

「僕も剛腕タイプと言われた時期がありました。しかしコントロールに苦しみ、いろいろな人に話を聴きました。栗林には、僕と重なるところがありました」

彼によると、ストレートとスライダーを常態的に投げることによって、栗林は、腕がタテに振れなくなっていたという。

「最初にカーブを投げさせました。そのときは腕をタテに振ってほしいと思ったわけです。そしてそこからフォークに取り組みました」

実は、この取り組みプロセスこそが、のちに社会人ナンバーワン投手を創り出すことになったのだ。

「人それぞれ何が合うのか違います。一緒に何が合うのかを探し出す。そんなスタンスでやってきました」

現在、栗林の三振を奪う力は、群を抜いている。

その根幹をなしているのは、ストライクゾーンに投げて見逃しを誘う球と、ボールゾーンに落として空振りを狙う球の2種類のフォークボールである。

さらに150キロ越えのストレート、タテに割れるカーブ、速いカットボールも高い精度を誇り、いずれも勝負球として使える。

もちろんその頃は、山内と栗林の二人三脚が、のちにプロ野球界にとてつもないクローザーを誕生させることになるなど、想像もつかないことだった。

沙耶夫人のアドバイス

森下は浮いた話一つない独身だが、栗林は既婚である。

彼は、すでに社会人野球で注目を集めていた2020年7月に結婚。相手は、名城大学の同級生・沙耶さんである。

彼女は、栗林の入団発表の記者会見のときに、すでに公に姿を見せている。清楚で知的な雰囲気を持つ女性で、プロ野球選手の奥さんとして並々ならぬ努力をしている。

栗林がプロ野球選手になったあと、沙耶さんは名古屋の勤め先を退職し、料理の資格を取得するための勉強をはじめた。

「プロ野球選手は何といっても体が資本ですから、栄養管理をしっかりしないと……」

栗林が、沙耶夫人からアドバイスを受けているのは、栄養に関することだけではない。人生のあらゆる場面で、二人三脚の姿勢が窺える。

「自分が楽しいと感じることだけを優先させるのは良くない」

「他人が駄目と思うことは、駄目」

これらは、沙耶夫人が栗林に投げかけた言葉だという。

栗林が、21試合連続無失点記録を更新している頃のことだった。地元新聞に大瀬良大地の話が載った。彼のどこがすごいのかと訊かれ……。

「準備です」

大瀬良はこう即答したという。彼の話によると、栗林はナイターの日でも9時前に球場入りし、トレーニングに余念がないという。大瀬良は続ける。

「やるべきことをやっている。球もすごいけど、それ以上に取り組む姿勢が違います」

その一つ。栗林の肩作りは、試合が8回に入った頃からはじまる。

彼はこの回にカーブが1死を取ってから、自身の登板に備えて投球練習を開始するのを習慣にしている。ただ、ここまでならフツーの抑え投手と同じである。

栗林の場合、7回に入る頃、一度ブルペンを離れてマツダスタジアムのベンチ横に姿を現す。その日の観客数、雰囲気などを確かめておくためである。またそのときに微妙に変化する風向きや外気温なども体のなかに沁み込ませておく。

プロ野球選手の準備力については、すでに第1章で森下について書いた。覚えておこう。一流になる人の努力は半端なものではない。

栗林の場合、それを支えているのは、沙耶夫人と一緒に立てた生活設計である。これを逆算すると、自ずとそのときやるべきことが決まってくる。

神さま 仏さま クリリンさま

栗林が登板するたびに、マツダスタジアムのスタンドに手書きのプラカードが登場するようになった。

「神さま、仏さま、クリリンさま」

彼はプロ初登板から、22試合続けて無失点を続けた。特に三振を奪う率が、他の投手よりも群を抜いて高い。そのときまで1イニング平均1・6個の三振を奪っていた。

つまり奪ったアウトのうち、半分以上が奪三振だったのである。このイメージから「神さま、仏さま……」の言葉が生まれたのだと思う。

ただ、連続記録を維持するというのは、並大抵のことではない。彼に23試合目の機会が訪れたのは、6月13日。交流戦の首位を走っていたオリックスとの一戦（京セラドーム）だった。

試合は9回表、カープが5対8の劣勢を挽回し、8対8の同点に追い付いた。そして9回ウラ、栗林がマウンドに上がった。

まず、先頭打者にストレートの四球を与えたことがはじまりになった。続く打者の犠打のあと、申告敬遠を含む2四球で満塁。

その後、ロメロを得意のフォークボールで三振に仕留め、2死までこぎつけた。しかしT－岡田には高めストレートを右前に運ばれ、8対9。カープは、その季はじめてサヨナラ負けを喫した。

試合後の栗林の言葉である。

「四球三つで満塁にして1本。一番ダメなことです。良い流れを壊して申し訳ない」

しかしカープファンは全くそう思っていない。連続記録というのは、いつかは途切れる。そのときのファンの心情は、栗林をかばった佐々岡監督の言葉に代弁された。

「もちろん（栗林は）責められない」


この敗戦を機に、これまで続いていた栗林の緊張の糸がプツリと切れてしまうのではないか。そう思った一部の気の弱いファンの心配は、杞憂だった。

記録が途絶えた2日後の15日の西武戦（マツダスタジアム）。8回ウラ、宇草孔基の2ランによって5対3でカープがリードした。そしてこの試合も栗林が、9回のマウンドに上がった。

正直に言って、このとき心配性のファンは、小さな不安を感じていた。しかし彼は、いつもの速球とフォークボールを駆使し、代打・メヒア、金子侑司、スパンジェンバーグを三者連続三振に仕留めた。試合後、栗林はこう語った。

「前回は自分のミスで負けた。〝絶対に抑えるぞ〟という強い気持ちでいけたのが良い結果に繋がった」

こうしてカープの神さま、いや、クリリンさまは、すぐに体勢を立て直した。ヤッパ、並みの投手ではない。この試合でカープは13日ぶりに勝利を挙げ、その季ワーストの8連敗を止めた。

さあ、チームを立て直すため、ライバル森下もこの快投に続かなければならない。

侍Jリレー

6月19日のDeNA戦は、セパ交流戦を終えてペナントレースが再開された2試合目だった。森下は、同期入団の石原貴規とはじめてバッテリーを組んだ。しかし、決してそのせいではないと思われるが、1、2回に制球を乱して打ち込まれた。カープが3点を先制した初回に2点、そして2回に1点を献上し、たちまち同点に追い付かれたのである。この展開は、前季にはなかったパターンである。

ただその後、粘る。特にギアが入ったのは、カープが5対3で再びリードした4回1死一、三塁からだった。

森下は、このシーズン最速の156キロをマークした。すごい気迫で二者を打ち取り、続く5回も三者連続三振。6、7回も走者を許さなかった。

結局、尻上がりに調子を上げた森下は、7回3失点。カープが勝ち、自らの成績を4勝4敗の五分に戻した。

それにしても気になったのは、早い回に失点することだった。ただいずれの試合でも、以降、盛り返す。この傾向は、次の試合（6月27日中日戦）でも同じだった。この試合は、新型コロナウイルスのワクチン副反応が出たあとの登板だった。

その初回。森下は３安打を許して１点を失う。しかし２回以降は徐々に調子を上げ、中日打線に三塁さえ踏ませなかった。

そしてこの試合で、これまで〝ありそうでなかった〟夢のリレーが実現した。先発森下が８回１失点でバトンをつなぎ、９回を栗林に託す。

その栗林は、堂上直倫、阿部寿樹をいずれも外角低めの１５１キロで奪三振、桂依央利には得意のフォークボールでバットに空を切らせ、いつものように野球漫画の筋書きのような三者三振を奪った。

試合は１対１で引き分けたが、森下と栗林は、とても最下位のチームとは思えないような存在感を見せた。このときすでに２人とも東京五輪への出場（第４章）が決まっていたため、新聞の見出しは次のようになった。

「侍Ｊリレー　抜群の安定感」

次の７月４日。阪神戦で登板した森下が、また粘りの投球を見せる。

毎回安打を許しながら６回までを３失点に抑え、５勝目を挙げた。この試合でも９回は栗林が締め、16セーブ目。

この時点でカープは、25勝40敗９分け。ペナントレース74試合を消化し、５位ＤｅＮＡに１・５差をつけられた。

カープには球界の至宝ともいえる森下と栗林がいる。しかもチーム打率はセ・リーグ2位（7月4日時点）。なのに、なぜこのような位置にいなければならなかったのだろうか。

10日ぶりのマウンド

それにしても、素晴らしい投手戦だった。

7月11日ヤクルト戦が雨天中止。その試合で先発する予定だった森下の登板は、14日の中日戦まで延びた。この季の前半戦の最終戦。森下が10日ぶりにマウンドに上がる。彼はいつもとは違う特別な思いでマウンドに立った。

なぜ特別だったのか。それは五輪直前の前半の最終戦だったからではない。かつて目標にしていた明大の先輩・柳裕也との3回目の対戦だったからである。

そのとき柳は、すでに7勝（4敗）を挙げ、大野雄大に代わる中日のエースとしてチームを牽引していた。

「良い投手だし、先輩でもあるので、やっぱり意識する」

森下は課題としていた初回を三者凡退で切り抜けた。その後も安定感があり、打たれる気配はなかった。一方の柳も、同じような状況だった。

そんな空気のなか、4回に小園海斗が値千金の第1号ソロを右中間スタンドに運び、カープが

1対0で均衡を破る。

その後、ランナーを出すたびに、森下のギアが上がった。特に、6回2死二塁でビシエドを外角の速球で三振に仕留めたときの投球には、ド迫力を感じた。

あの場面。森下はこう振り返る。

「1点を守り抜かないといけないと思っていた」

そして8回。カープは林晃汰の左前タイムリーで1点を追加し、2対0とした。

森下は8回まで中日打線を5安打0点に抑え、ベンチに戻った。そこに佐々岡監督が自ら足を運び、声をかけた。

おそらくあと1回、最後まで投げたいと思っていた森下の気持ちを和らげようとする言葉だったのだと思う。森下は、笑顔で横山コーチとグータッチを交わした。

このとき森下は、なぜ完封にこだわらなかったのだろうか。その理由は言わずとも知れている。そのときすでにブルペンで、絶対的な守護神が準備を整えていたからである。

栗林は9回、あっさりと2死を奪った。そして少年時代から憧れていたという福留孝介を打席に迎え、全球ストレート勝負に出た。そして最後は152キロで空振り三振に仕留めた。

こうして森下は6勝目。栗林は18セーブ目。再び〝侍Jリレー〟を実現した。その結果、カープはこの季初の4連勝とし、かろうじて0・5差でDeNAを交わした状態で、セ・リーグ5位で前半戦を終えた。

オールスター戦

6月28日。オールスター戦のファン投票の最終結果が発表された。カープからは先発投手部門の森下暢仁と、外野手部門の鈴木誠也。さらに監督推薦で、抑え投手部門の栗林良吏、内野手部門の菊池涼介が追加され、4人が出場することになった。

森下は記者会見でこう語った。

「すごい人たちが集まる試合。そのなかで野球ができるのは楽しみ」

さらに森下は、記者から19日のDeNA戦で156キロを出したことに触れられ、自己最速の更新や、パ・リーグの強打者に対し、直球勝負を挑むのかについて問われこう答えた。

「(球速は) あれ以上は出ないと思う。その場の雰囲気で頑張りたい」

森下という投手は、この種の話を実力以上に盛るようなタイプではない。内心はともかくとして、あくまで謙虚。しかし間違いなく実力、人気ともにセ・リーグの目玉の一つになる。

7月16日のオールスター第一戦(メットライフドーム)。

7回目のオールスター戦出場で、すっかり常連になった菊池涼介が、自身初の2ランを含む4

打数４安打の大暴れで初のＭＶＰを獲得した。

この試合で出番のなかった森下と栗林は、それぞれ三塁と一塁のコーチを務めた。

翌17日の第二戦（楽天生命パーク宮城）。

セ・リーグの先発は、柳裕也（中日）だった。そして３回から森下が先輩の後を継いでマウンドに上がった。私は、彼のスポーツ心を知るうえで、その投球姿勢に注目していた。

「その場の雰囲気で……」

そう語っていた森下は、やはり心のなかで真剣勝負よりも、ゲームを楽しくする〝雰囲気〟の方を優先していた。珍しく、マウンド上で笑顔を見せる。

そのため投げた20球のうち19球がストレートだった。結果、森下は３回に、単打と二塁打で１死二、三塁とされ、明大の先輩・島内宏明（楽天）に勝ち越しの２点右前打を許した。

そして試合後、こう語った。

「直球でどれだけ抑えられるかという思いもあった。（先輩の）島内さんに打たれたので良かった」

森下は、４回も自身の方針を変えず、ストレートの連投で三者凡退に抑えた。

一方、３対３の同点で８回に登板した栗林は、ランナー１人を置いて、再びあの島内に得意のフォークボールを右翼線に運ばれ、勝ち越し点を許してしまった。

その結果、３対４でパ・リーグの勝利。栗林は敗戦投手になった。つまり森下、栗林ともにホロ苦いオールスター戦デビューになった。

私の印象では、この2戦を通して特にメディアに注目された選手は、阪神の大砲ルーキー・佐藤輝明、前半戦だけで9勝を挙げていた19歳の宮城大弥（オリックス）、それに球界の爽やかプリンス・森下暢仁だったように思う。

やっぱりオールスター戦というのは、球界を引っ張るスーパースターたちを互いにリスペクトしながら、新しく登場してくるアイドル選手たちを盛り上げるお祭りの場だった。

プロ野球のアイドルたち

話は逸れるが、ここでそのアイドルたちの話をしておこう。

薄茶色の頭髪に、色白で端正な顔立ち。そして美しい投球フォーム。その昔、おじさん族専用のスポーツだったプロ野球に女性ファンが押しかけるようになったきっかけを作った男がいた。若い人からすると、遠い歴史上の人物のようになるが、かつて三沢高のエースとして１９６８年夏、69年春、夏の３大会に連続して甲子園に出場した太田幸司である。

ちなみに三沢高が東北勢として戦後はじめて決勝に進出した１９６９年夏、太田は松山商高を相手に１試合目に２６２球を投げた。しかし延長18回まで０対０で決着がつかず、翌日の再試合に臨んだ。

その再試合は、多くの国民のにわか応援を背にしたものの、惜しくも２対４で敗れた。彼は決勝戦の計27イニング、さらにそれまでの45イニングを一人で投げ抜き、〝悲運のエース〟と呼ばれるようになり、それゆえに国民的スターになった。

その太田がドラフト１位で近鉄バッファローズ（現オリックス）に入団してから、プロ野球界に空前の「コーちゃんブーム」が起きた。そのとき、これまでプロ野球に関心がなかった客層（主に女性）が目覚めたと言ってもよい。

つまり「甲子園のスーパーアイドル」が、その空気をそのままプロ野球界に持ち込んだのである。当時、近鉄が本拠地にしていた球場には女性用トイレが増設され、球場に向かう電車内では、チームメートたちが太田をガードしたという話も伝わっている。

試合から寮に戻ると、自室に見知らぬ女性が忍び込んでいたという怪事件も起き、世に彼を主人公にした漫画まで登場した。もちろんその当時は、プロ野球の選手が、その種の領域（文化面）に登場してくることはなかった。

１９７４年ドラフト１位で巨人に入団した定岡正二もまた、小さな不運を背負ったストーリーと、甘いマスクで女性ファンのハートを独り占めにした。

彼は鹿児島実業３年生のときに、エースとして甲子園に出場。その準々決勝で原辰徳の東海大相模と延長15回を戦って勝利し、準決勝にコマを進めた。

しかし準決勝の防府商高戦の3回に、右手首を負傷して無念の交代。チームはサヨナラ負けを喫した。

彼は巨人へ入団後、初勝利までに6年を要した。その間、執拗な女性ファンの追っかけに遭い、付けられたニックネームは〝サダ坊〟。彼は巨人という格式のあるチームで、ミーハー的な人気先行の試練に耐えた。

その後、定岡は徐々に頭角を現し、1982年にはオールスター戦に出場。そのシーズンは自己最多の15勝を挙げ、やがて同世代の江川卓や西本聖とともに巨人の3本柱として活躍するようになる。

彼は、特にカープとの相性が良かったことで知られる。先発ローテーションに定着した1981年には11勝のうち6勝、82年には15勝のうち7勝をカープから挙げている。

さらに記録を辿ってみると、彼が初完封勝利を飾った試合（80年10月15日）も、リリーフに転向して初セーブを挙げた試合（84年9月17日）もカープ戦だった。

もちろんその頃、カープファンは定岡の顔を見るのも、名前を聞くのも嫌だった。

しかし、カープにも彼に負けない選手がいた。それは甲子園で鳴らした投手ではなかったものの、巨人戦にはめっぽう強く、その種の人気で定岡に勝るとも劣らなかった高橋慶彦（後述）である。

その後、太田幸司、定岡正二の人気を上回るような投手が出てきた。それは甲子園で大ブレーク、端正かつ爽やかなルックスで日本中の女性ファンの心を鷲づかみにした荒木大輔である。

早稲田実業で1年生エースになった荒木は、1980年夏の甲子園大会で、初戦の北陽戦を含めて5試合に先発した。

そのうち4試合で完封し、44回⅓連続無失点でチームを決勝に導いた。しかし決勝戦では、愛甲猛を擁する横浜高に4対6で敗れ、惜しくも準優勝に終わった。

しかし早実は、この大会から5回連続で甲子園出場を果たし、社会現象として「大ちゃんフィーバー」を巻き起こしたのである。

このため全国で野球を志す多くの少年に「大輔」の名前が付けられた。その一人が、のちに松坂世代という呼び方の元祖になった松坂大輔である。

荒木は巨人への入団を希望していたが、結局、抽選クジを引き当てたヤクルトに入団。ただフィーバーは収まらず、その後も荒木の周りには女性ファンが殺到した。

移動用バスの周りを女性ファンが取り囲み、バスが動けなくなるシーンが後を絶たない。これらのため、神宮球場の地下には、彼が移動するための通路が整備され、関係者の間では「荒木トンネル」と呼ばれるようになった。

彼は10年間の現役生活で、180試合に登板したものの、名実ともにスーパースターへの道は険しかった。通算成績は39勝49敗2セーブ。防御率は4・03だった。

荒木はその後、95年に横浜（現DeNA）に移籍。以降、投手コーチとして西武、ヤクルト、日ハムへ。そして現在でも日ハムの投手コーチを務めている。

こうした流れのなかで、どうしても取り上げておかないといけない投手がいる。

それは少年時代にダルビッシュ有に憧れ、進学した花巻東高で3年先輩だった菊池雄星のあとを追った大谷翔平である。

この種のアイドル性で言えば、その発芽の場はいつも高校野球である。しかもなぜか打者よりも、投手の方に多い。

それはおそらく、投手の働き場であるマウンドが一人高く孤立していること。そこに悲壮感のようなものが漂い、物語が生まれるからだと思う。

大谷の群を抜くアイドル性とともに、なぜ彼が2021年に日米球界を仰天させるような活躍ができたのか、その原点のようなものを探ってみたい。

こうして二刀流が生まれた

彼はよく〝二刀流〟という言い方をされる。どうしてもそういう言い方をしないといけないのなら、彼は〝三刀流〟である。つまり「投げる」「打つ」に加え「走る」という能力も群を抜いている。

その3つの能力というのは、野球を志す少年なら遍《あまね》く持っているものである。つまり少年野球では、当たり前のことである。

しかし大人の事情というのだろうか、その後、大学野球、プロ野球へと駒を進めていくうちに、次第に一つに絞られていく。

そんななかプロ野球界に、この流れ（プロセス）に〝待った〟をかける男がいた。

2年生の春。甲子園の初戦でエース藤浪晋太郎のいる大阪桐蔭高と対戦した花巻東高は、大谷が本塁打を放ったものの、敗退した。

そして3年生の夏。岩手県大会の準決勝（一関学院高戦）で、大谷は当時アマチュア野球史上最速の１６０キロをマークした。しかし同年の甲子園出場は逃す。

この段階で、大谷はＭＬＢ（米大リーグ）からも注目されるような選手になっていた。

「メジャーリーグに挑戦したい気持ちでいます」

大谷は、内外に向けて自分の意思を表明した。しかし2011年10月25日の日本のドラフト会議。日ハムが大谷を1巡目で単独指名。そのとき大谷はこう語った。

「びっくりしました。しかし米国でやりたいという気持ちに変わりはありません」

この状況で、このシーズンから日ハムの監督に就任した栗山英樹が動いた。大谷を育てる固い信念を持っていた栗山は、自ら大谷に向けた短・中期の育成計画を作成した。

それは『大谷翔平君 夢の道しるべ～日本スポーツにおける若年期海外進出の考察』と題する30ページに及ぶ文面だった。

そのとき別に用意されたのが、前年まで日ハムでプレーしていたダルビッシュ有の「背番号11」と文面に含まれた「投手と野手の二刀流プラン」だった。

大谷の心は、このプランを提示しながら本気で語りかける栗山の熱意に少しずつ動かされていった。

そして同年12月5日。ついに大谷は日ハムへの入団を表明した。そのとき契約金は1億円＋出来高払い、年俸はわずか1500万円だった。

英国の歴史家・カーライルの言葉である。

「自ら正しいと信ずる者は王の万軍より強し」

アマ・プロ野球界というのは、少年時代の志（夢）を時間経過とともに一つずつ剝ぎ取っていくシステムになっている。

しかしよく考えてみると、そういう取捨選択の必要はないのではないか。つまり、すべてを伸ばしていけばよいのである。

ここから先、万軍の反対を押し切って、監督として大谷の二刀流を押し進めた栗山の情熱が、のちに全米を揺るがすことになる。

栗山監督の指導を得た大谷は、５年間、試行錯誤しながら投打の二刀流で、ＮＰＢ（日ハム）でプレーした。その間の成績は、投手として85試合に登板し42勝15敗、防御率２・52。このとき彼が出した球速１６５キロは、いまでも公式戦での日本人最速記録である。

そして打者としては４０３試合に出場し１０３５打数２９６安打（打率２割８分６厘）、48本塁打、１６６打点だった。

こうして２０１７年オフ。大谷は日米間のポスティングシステムを活用し、少年時代から夢に見ていたＭＬＢ（ロサンゼルス・エンゼルス）の一員になった。

ＳＨＯ ＴＩＭＥ（ショウタイム）

２０２１年７月13日。米コロラド州デンバーのクアーズ・フィールドで開催されたＭＬＢオールスター戦。大谷は、ア・リーグの「先発投手」と「１番指名打者（ＤＨ）」で史上初の投打の二刀流による出場を果たした。

「ショウヘイは、この世のものではない」

「100年に1人出るか出ないかの超スーパースター」

このシーズン前半戦の大ブレークによって、全米でありとあらゆる賛辞を得た大谷は、主催者に、この試合限定で「DHに入ったまま投打の両方で同時に出場できる」という特別ルールまで作らせた。

スタンドに美しい弧を描いて消えていく大きなアーチは、前半戦だけで33本に達し、メジャー単独トップに立っていた。

しかもホームランのあとにバントヒットは決めるし、ランナーに出ると悠々と盗塁を成功させる。マウンドに立っていないと思ったら、時々ライトの守備に就いている。

長い間、野球の本場・米国のファンは、こういうスーパースターに遭遇することがなかった。よく引き合いに出される100年以上前のベーブ・ルースでも、これほどの華やかさはなかったのではないかと思う。

その大谷は、この試合で先発投手として予定の1回を三者凡退に抑え、ア・リーグが5対2で勝ったため、勝ち投手になった。

このときの最高球速は161キロ。一方、打者としては5回まで二ゴロと一ゴロ。その後、予定どおり他の選手と交代した。

試合後の一部のファンの声である。

「もっとショウタイムを観たかった」

私はその言葉に、大谷が栗山のプランに同意してからの9年間の一途な思いとたゆまない努力に思いを馳せた。

それは若者の夢の力が、岩をも砕き、とてつもなく大きな花を咲かせた刻だったように思う。

この世のすべての物語には、続きがある。その後、東京五輪のため、過熱していた日本での大谷報道は一時静かになった。

しかし大谷は、後半戦も小さな好不調の波を繰り返しながら、順調に成績を伸ばしていった。この間、多くの打席で四球（敬遠）で逃げられることが増え、マドン監督は考え方を切り替えた。

「勝負されないなら、別の才能を活かしたい」

彼は1番起用（DH）が多くなり、塁上を走ることによって、また調子を上げていった。

圧巻だったのは、8月18日デトロイトで行われたタイガース戦だった。「1番・投手」の大谷は、打者として8回にこの時点でメジャートップとなる40号本塁打を放ち、投手として8回を1失点に抑え、8勝目（1敗）を挙げた。

彼は、メジャー4年目にして初めて、同じ試合で本塁打と勝ち星をマークした。この時点で日本人初の本塁打王と、米球界で1918年のベーブ・ルース以来の「2桁勝利、2桁本塁打」に一歩近づいた。

8月31日。大谷はアナハイムでのヤンキース戦で「2番・指名打者」としてフル出場し、2打数無安打（2四球2得点）に終わった。

しかし、この季の21個目の盗塁を決めたあとの5回、彼は、アッと驚くような走塁を見せた。22個目の盗塁を、三塁からの本盗で決めたのである。この勇気ある走塁は、よほどプレーに集中していないと成功しない。

9月15日。米誌タイムが、恒例の「世界で最も影響力のある100人」を発表した。そのなかに日本人では、女子テニスの大坂なおみ、建築家の隈研吾とともに大谷翔平が選ばれた。

大リーグ、ヤンキースの元内野手アレックス・ロドリゲスは、その推薦文のなかでこう書いている。

「大リーグ全体で比類がない。フランケンシュタインのようにあらゆるユニークな才能をまとめて選手を創るなら、それが大谷だ」

結局、大谷はこのシーズン、打って46本塁打、100打点。投げて9勝（2敗）。走って26盗塁。「打つ」「投げる」「走る」のすべての部門においてメジャーで自己最高記録を更新した。

大谷はベーブ・ルース以来の「2桁勝利、2桁本塁打」はならなかったものの、野球の本場・米国の地で、それを凌駕するような金字塔を打ち立てた。

そして野球を愛する日米のすべてのファンは、このシーズン、これは正夢なのかというような「至福の時間」を過ごすことができた。

彼はその後（10月28日）、日本人選手としてはじめて選手会の選手間投票で年間最優秀選手「プレーヤー・オブ・ザ・イヤー」に選出され、共に戦うプロたちからこれ以上ない高い評価を受けた。

海の向こうの大谷の姿を見ながら、私はつくづく思った。

少年時代の夢はデッカイ方がよい。そしてどこに行っても、社会（球界）のしきたりに惑わされることなく、自分の意思を貫き通すのがよい。

アイドルを超えたショウヘイとモリペイ

この際、容姿（見かけ）のことを書くのは適切ではないと思われるかもしれないが、やはりそれが無関係であるとは言い難い。

大谷は身長193センチ。体重95キロ。足が長く、長身の割に頭部が小さいため、いわゆる均整のとれた八頭身である。そして表情が少年のように明るく豊かで、可愛い。

しかし、決してそれだけではない。大谷が全米で受けた、信じられない高い評価を後押ししていたのは、彼の動作、行動から滲み出る人格（人間性）だった。

彼は、打者が折ったバットを自分で拾いに行く。グラウンドに落ちているゴミは、そっと拾ってポケットへ入れる。近くでファンの声が耳に入れば、それに応える。もちろんプレー中は、どんな選手にも優しく接する。

こういう総合的な人間力が、これまで登場してきた多くのプロ野球のアイドルたちを、大きく超えている。こういうキャラクターは、米国人だけでなく、万人に愛される。

彼は、そういう意味で、全米で日本人のステイタスを引き上げてくれた稀有な人物の一人ではないか。

実力（能力）＋人格。これはプロ野球に限らず、あらゆる職業において、人間として最も大切な要素ではないかと思う。

実のところ、私は、この流れのなかでカープの森下暢仁を捉えている。

そう、〝ショウヘイとモリペイ〟は、同じような土壌で同じように発芽してきた野球人なのである。そこにあるのは、少年時代から積み上げてきた「圧倒的な実力（能力）」と「人々に愛されるキャラクター」である。

私は、ショウヘイとモリペイに現代のアイドルの理想形を見ている。

〝野球命〟の私にとっては、日米の差があるだけで、彼ら2人を応援する気持ちも、その理由も変わらない。その根底に流れているものは、同じ人間として自然に湧き上がってくる共感の叫びではないかと思う。

「がんばれ ショウヘイ！　そして、がんばれ モリペイ！」

彼らの周囲には、いつも清く爽やかな空気が流れ、遠くに希望の光が見えている。

第4章　日の丸を背負う

2021年4月13日。甲子園球場の阪神・広島戦を視察に訪れていた東京五輪日本代表チームの稲葉篤紀監督が、森下についてこう語った。

「ああいう整った選手が日本代表に必要だ。自分で崩れることがない。今後もしっかり見ていきたい」

そして6月16日。東京都内の記者会見で自らの口で、代表24人の名前（表2）を発表した。

カープからは、12球団最多の5人が選ばれた。内訳は投手2人（森下暢仁、栗林良吏）、捕手1人（會澤翼）、内野手1人（菊池涼介）、外野手1人（鈴木誠也）だった。しかしその後、會澤は、ケガのため出場を辞退した。

野球通ならよく知っていると思うが、実は、シーズンを通して長期で戦うペナントレースと

表2 東京五輪 野球日本代表に選ばれた選手

投手	菅野智之	(31歳)	辞退	巨人
	伊藤大海	(23歳)		日本ハム
	青柳晃洋	(27歳)		阪神
	岩崎優	(29歳)		阪神
	森下暢仁	(23歳)		広島
	山本由伸	(22歳)		オリックス
	田中将大	(32歳)		楽天
	山崎康晃	(28歳)		ＤｅＮＡ
	栗林良吏	(24歳)		広島
	大野雄大	(32歳)		中日
	中川皓太	(27歳)	辞退	巨人
	千賀滉大	(28歳)		ソフトバンク
	平良海馬	(21歳)		西武
捕手	甲斐拓也	(28歳)		ソフトバンク
	會澤翼	(33歳)	辞退	広島
	梅野隆太郎	(30歳)		阪神
内野手	山田哲人	(28歳)		ヤクルト
	源田壮亮	(28歳)		西武
	浅村栄斗	(30歳)		楽天
	菊池涼介	(31歳)		広島
	坂本勇人	(32歳)		巨人
	村上宗隆	(21歳)		ヤクルト
外野手	近藤健介	(27歳)		日本ハム
	柳田悠岐	(32歳)		ソフトバンク
	栗原陵矢	(24歳)		ソフトバンク
	吉田正尚	(27歳)		オリックス
	鈴木誠也	(26歳)		広島

五輪では、同じ競技でも全く質が異なる。

日の丸を背負う一戦必勝の戦い方には、別次元のエネルギーが必要になってくるからである。その点で、2019年プレミア12の経験があり、こういう戦い方を熟知している會澤の欠場は残念だった。

この異質というか、いや、むしろ本来の野球の戦い方のため、五輪を戦い終えたあとの選手たちの心身の疲労は、半端なものではない。

ただ長い目で見ると、選手たちにとって、五輪出場というのは、それぞれの自己成長（キャリア）へ向けて計り知れないプラスになる。発表後の森下のコメントである。

「うれしいという気持ちが一番です。絶対に勝たないといけない大会だと思います」

世界一への挑戦

7月23日。世界的な新型コロナウイルスの蔓延によって、史上初めて1年延期となった第32回夏季五輪・東京大会が多くの国民の複雑な思いのなかで開幕した。

参加国は史上最多の205か国。他に地域や難民選手団も含め、約1万1千人が17日間の熱い戦いを繰り広げる。日本選手団は、開催国ということもあり、史上最多の583人。そのなかに森下の名前があった。

考えてみると、2020年に開催されるはずだった東京五輪に、森下が出場できるチャンスは当初、ほとんどなかった。

ところが開催が1年延期されたことによって、彼にもチャンスが巡ってきたのだ。また次回大会（パリ）では、野球・ソフトボールが競技種目から除外されることになっているため、次のチャンスは限りなく遠い。

そう考えると、東京五輪への出場は、森下の強運がもたらしたものだったと言えるだろう。彼は、特に新人王を獲得するに至った前年9月以降の投球が、高く評価された。

回転数の多いストレート。変化球の高い精度。安定したコントロール。彼は、投手にとって必要な要素のほとんどを高い次元で備えている。

彼の投球について、自身もアテネ五輪に出場したことのある黒田博樹のコメントがメディアで紹介された。

「悪いなりにまとめられる能力の高さが評価されたと思う。一発勝負の短期決戦では計算できる投手が求められる。150キロを超すストレート、精度の高い変化球もある。彼は、力と技を兼ね備えたハイブリッドだ。五輪という重圧のなかで、たくさん考え、経験を積み重ねてほしい」

森下は当初、主要メディアで第2先発やロングリリーフの役割ではないかと報じられていた。しかし私の見方では、森下は当初から〝先発のピース（一人）〟と考えられていたのではないかと思う。

因みにアテネ五輪の頃にカープのエースだった黒田でも、代表チームでは中継ぎを務め、先発の経験はない。

東京五輪の野球は、参加国６チーム（Ａ組＝メキシコ、ドミニカ共和国、日本Ｂ組＝米国、韓国、イスラエル）で争われる。

Ａ組、Ｂ組で総当たりの予選を行い、その後、敗者復活のある変則トーナメントによってメダルを争う。最短では、５連勝で金メダルに到達するが、途中で負けた場合でも、巡り合わせによっては８戦（５勝３敗）で金メダルに辿り着ける場合もある。

つまり大会前にトータルの試合数が決まっていないため、首脳陣の選手（特に投手）の起用法が腕の見せ所になる。

その頃、日本列島は連日35度を超える猛暑の真っただ中だった。

さらに東京に４回目の緊急事態宣言が発出され、コロナ感染が急拡大していくなかで、日本中に金メダル（世界一）への期待が高まっていった。

初戦、逆転サヨナラ勝ち

日本の初戦は、７月28日の福島県営あづま球場。無観客で行われたドミニカ共和国戦だった。

張りつめた空気のなかではじまったこの試合。先発の山本由伸とメルセデスともによく投げ、6回まで0対0。試合が動きはじめたのは、7回に山本の後を継いだ青柳晃洋が、連打を浴びて2点を先制されてからのことだった。そのウラ、すぐに日本が1点を返し、1対2で9回まで進んだ。

ここまで平良海馬、山崎康晃へと繋いだ日本は、その締めくくりとして9回、栗林良吏をマウンドに送った。

しかしカーブで「神さま…クリリンさま」と崇められていたあの栗林でも、五輪の舞台というのは特別だった。まず先頭打者にいきなり二塁打を浴びる。

「フォークが思い通りいかず、真ん中にいってしまった」

さらに次打者には四球。そして1死後に右中間へタイムリー二塁打を浴びて、アッと言う間に1対3とされた。

私の目には、はじめてバッテリーを組む甲斐拓也との呼吸が、まだしっくりいっていなかったようにも見えた。しかし投手コーチと内野手がマウンド付近に集まってから、栗林が明らかに変わった。彼は続く打者をカットボール、最後の打者をいつものフォークボールで連続三振に仕留めた。

このピンチをギリギリ1点でしのいだ栗林の気迫が、結局、そのウラの日本の逆転ドラマを作り出すことになった。

１死からの柳田悠岐の一塁ゴロ内野安打がきっかけになった。その後、菊池涼介の代打で登場した近藤健介、村上宗隆の連打で２対３とする。

さらに甲斐の一塁線への絶妙なセーフティスクイズ。日本はついに同点に追いついた。こうなると、あとはもう勢いである。ベンチで並んで応援していた栗林と森下が、手を叩きながら身を乗り出してくる。

１死満塁。打席に入った坂本勇人には、そのときすでにドラマの主人公になる準備が十分に出来ていた。

「１球目から行くつもりでした」

その初球。坂本の一撃がセンター頭上を襲う。打った瞬間に、中堅手（ボニファシオ）が打球を追わず、ベンチ方向に歩きはじめた。４対３。日本の逆転サヨナラ勝ちである。

勝利投手は、６回まで無失点に抑えた山本ではなく、９回に１点を献上した栗林だった。

彼は、試合後こう語った。

「今度は、自分がチームの勝利に貢献できるようにしなければいけない。（クローザーに）選んでもらった以上、そういう気持ちでいる」

さあ次は、この試合をベンチで一緒に応援していた森下の番である。

日の丸の重圧

7月30日。次の日のメキシコ戦の先発投手が「森下」と発表された。

「とうとう明日だな」

森下はその日、約30球を投げて最終調整をしたものの、やはり試合への入り方が気になった。そこで、初戦に先発した山本由伸のところにそのときの様子を聞きに行った。

「フワフワした感じがあった」

この言葉を耳にして、森下はシーズンとは違った特別な気持ちで臨むことを覚悟した。そして、こう語った。

「1イニングでも長く投げて、チームにいい流れを持ってこられるようにしたい」

これが、明らかにシーズンとは異なる、五輪特有の戦い方（気の持ち方）である。

7月31日正午。五輪仕様に改装された横浜スタジアムで、強豪・メキシコとの試合がはじまった。1回の立ち上がり。侍ジャパンのユニフォームで、背中にいつもと違う「15」を付けた森下は、やはりいつもカープで観ている森下ではなかった。

先頭打者に安打を許したあと、シーズンでも珍しい暴投を記録した。この暴投と記録された球は、左打者の外角低めを狙った変化球。これが、はじめてバッテリーを組む甲斐拓也のミットからこぼれたもので、いわゆる暴投ではなかった。

しかし、このプレーで心にわずかな動揺が生まれたように思う。森下は、打者3人で早くも先制1点を許した。

この回で、私が気付いたこと。それは、森下が一度も甲斐のサインに首を振らなかったことである。森下は日の丸を背負って、自分の我を通すことを止め、チーム（国）のために果たすべき役割を貫くことを心に決めていた。

この気持ちが、その後、彼とチームを助けた。2回以降は得意のカーブを多投し、徐々に立ち直った。そして甲斐との呼吸も合ってきた。

唯一のピンチは4回、無死一、三塁のピンチに、この大会のために現役に復帰してきたという4番・ゴンザレスを打席に迎えたときだった。

鋭い打球が一、二塁間へ飛ぶ。そのとき二塁手・菊池涼介が地面にヒザをつけたまま巧みに捕球し、二塁へ送球。絵に描いたような併殺を成立させた。これと同じようなシーンは、シーズン中のカープでは日常的に見られる。

この回、五輪の大舞台でカープの仲間の好プレーもあり、森下は1点でしのぐことができた。

一方、日本の攻撃は、稲葉監督が「効率的に点がとれた」と語ったように、1対1の4回に山田哲人の3ラン、5対2の7回に坂本勇人のソロが飛び出すなど、着々と得点を重ねた。

森下は、5回を投げて5安打2失点。しっかりと役割を果たし、二番手の伊藤大海にバトンを渡した。そして9回。前のドミニカ共和国戦で1点を許した栗林良吏が、3人をピシャリと抑えて、日本が7対4で勝った。

見たか。これが、稲葉監督が森下を選ぶときの理由に挙げた〝自分で崩れることがない〟投球であり、黒田が指摘した〝悪いなりにまとめられる〟能力の高さである。

このメキシコ戦は森下が先発し、菊池が好プレーを披露し、栗林が締めるというカープファンにとって、これ以上ない試合になった。

その結果、日本は1次リーグを2勝0敗とし、同組の1位通過を果たした。

決勝への道

それにしても米国との準々決勝（8月2日）は、壮絶な戦いになった。

日本は先発・田中将大が3回途中にKOされ、さらに4回に青柳晃洋が3ランを浴びて、5回表まで3対6でリードを許した。

ところがそのウラ。これまでこの大会で無安打だった4番・鈴木誠也の左翼席上段への特大ホームランによって流れが変わった。

明らかに両軍の選手たちの目の色が変わった。特に6、7回を投げた千賀滉大、8回の山崎泰晃、

9回の大野雄大の鬼気迫る投球は、圧巻だった。

9回を終わって6対6の同点。大会規定によってタイブレーク（国際ルール）による延長戦に入った。ここから両チームとも無死一、二塁から回の攻撃をスタートする。10回表。日本の守護神・栗林良吏がマウンドに上がる。

何よりも、先頭打者を得意のフォークで三振に仕留めたのが大きかった。次打者もフォークで二ゴロに打ち取ると、最後は直球の力勝負で左飛とし得点を与えなかった。

そのウラ。1死二、三塁とした日本は、甲斐拓也の劇的な右越えタイムリーでついに試合を決めた。甲斐のインタビューである。

「頭を整理して、初球から振りにいった。栗林がゼロに抑えていたことが勝利につながった」

確かに、これまで栗林が投げることによってチームがすべて勝っている。彼はここまで3試合に登板し、自身の成績を2勝1セーブとした。

さらにカープファンとして自慢するならば、この試合では、鈴木誠也、菊池涼介、栗林良吏の3人が活躍した。私の目に何度も入ったシーンがある。それは、ベンチでわざわざマスクを下にずらして、懸命に彼らに声援を送る森下暢仁の姿だった。

次の準決勝（8月4日）。日本は五輪の正式種目として初の金メダル獲得へ向けて、最大のライバルとなる韓国と対戦した。

この試合。日本は3回に坂本勇人の犠飛で先制点を挙げ、5回に吉田正尚の適時打で追加点。先発の山本由伸の好投もあって5回まで2対0でリードした。

ところが6回に韓国打線につかまり、2対2の同点に追いつかれた。この時点で「突き放したい日本vs粘る韓国」の構図（ムード）が生まれた。

このムードを突き破ったのは8回2死満塁の場面、「1球目から打つのを決めていた」という山田哲人だった。

山田の一振りは、大きな弧を描いて左翼フェンスの最上部を直撃した。この一撃で一塁ランナーの甲斐拓也を含めた3人が生還し、日本は韓国を5対2で突き放した。

こうなると、9回は〝あの男〟の出番である。栗林は先頭打者に四球を与え、暴投で二塁まで進まれたが、後続の3人をピシャリと抑えた。

こうして日本は決勝進出を決め、悲願の金メダルまであと一歩のところまで近づいた。

五輪の歴史を振り返ってみると、日本はこれまで、00年シドニー五輪でプロの参加が認められるようになってから、一度も決勝に進出したことがなかった。そういう意味で、ようやく悲願の舞台が整ったのである。

その後、7日の決勝の相手が、敗者復活戦で韓国を破って息を吹き返してきた米国に決まった。

このたびは、南々社の本をお買い上げいただき、誠にありがとうございました。今後の出版企画の参考にいたしますので、下記のアンケートにお答えください。ご協力よろしくお願いします。

書　名	森下に惚れる　日本で一番美しい投手

Ⅰ. この本を何でお知りになりましたか。

1. 新聞記事（新聞名　　　　）　2. 新聞広告（新聞名　　　　）
3. テレビ・ラジオ（番組名　　　　）　4. 書店の店頭で見つけて
5. インターネット（サイト名　　　　）
6. 人から聞いて　7. その他（　　　　）

Ⅱ. この本を買おうと思ったのはどうしてですか。

Ⅲ. この本についてご感想をお聞かせください。

Ⅳ. 今後お読みになりたい企画がありましたら教えてください。

Ⅴ. 最近お読みになって面白かった本をお書きください。

ご提供いただいた情報は、個人情報を含まない統計的な資料を作成するために利用いたします。

郵　便　は　が　き

料金受取人払郵便

広島中央局
承　認

4626

差出有効期間
2023年11月
30日まで

期間後は切手をお貼り下さい

7 3 2-8 7 9 0

412

広島市東区山根町27-2

南々社

「森下に惚れる　日本で一番美しい投手」

編集部 行

□□□-□□□□	ご住所		
			男　女
ふりがな お名前		Eメール アドレス	
電子メールなどで南々社の新刊情報等を　1．希望する　2．希望しない			
お電話 番　号	(　　　　)　　－	年齢	歳
ご職業	1. 会社員　2. 管理職・会社役員　3. 公務員・団体職員　4. 自営業　5. 主婦 6. シルバー世代　7. 自由業　8. 学生　9. その他（　　　　　　）		

今回お買い上げの書店名

市区
町村　　　　　　　　書店

黄金リレーで金メダル

8月6日は、広島人なら誰も忘れない〝原爆の日〟である。午前8時15分。森下は選手村で一人、頭を垂れて黙とうした。

彼はルーキーイヤーだった2020年に、復興の願いで創設されたカープの意味と、そのチームの選手としてなすべきことを知っていた。

その頃、全国の野球ファンの間で話題になっていたことがある。それは「決勝戦の日本の先発投手は誰なのか？」ということだった。

その日まで「ローテーション（順番）で森下」「米国で実績のある田中将大」「前の米国戦で熱投した千賀滉大」など諸説が飛び交っていた。しかし稲葉監督の心（森下起用）は、いささかも揺らいでいなかった。

森下はこう明かしている。

「ぼーとしていても米国の打者のイメージが出てきて、自分でも相当意識しているんだなと思った」

8月7日午後7時。日本中の注目が野球の決勝戦「日本vs米国」に集まった。

森下はこう語っている。

「自分の持っている力をすべて出そうと思った。何かあれば、周りが助けてくれる」

彼は〝試合の入りが大事〟と心に銘じ、マウンドに上がった。もちろん独特の緊張感が顔に出ていたが、投球は意外に落ち着いていた。

私が初回に感じたことが二つあった。一つは、前回登板で甲斐拓也のサインに一度も首を振ることがなかったのに、この試合では違っていた。森下は、甲斐のサインに何度も首を振った。つまり、自分の意思をしっかり示した。

そしてもう一つ。彼は変化球を多投した。前日から、速球に強い米国打線をイメージしていたからだと思われる。

1回は、その変化球の多投で三者凡退に抑えた。そして2回に初ヒットを許したものの、中堅手・柳田悠岐の好守などで後続を断った。

圧巻は3回だった。下位打線だったとはいえ、森下は三者を連続三振に抑えた。この回から特に目立ったのは、彼の武器である落差の大きいカーブだった。

試合の流れを決めたのは、その直後（3回ウラ）に飛び出した、村上宗隆の左中間席に飛び込むソロホームランだった。

森下は言った。

「この1点を守ろうと思い、必死に投げた」

その後、彼の投球にいっそう気合が入った。そして緩急をうまく使い凡打の山を築く。5回を投げ終えたあと、私は、ベンチが続投か継投かで迷うのではないかと思った。

森下は5回まで82球を投げ、被安打3で5つの三振を奪い、打たれる気配はなかった。しかし、稲葉監督の決断は明快だった。

6回からは森下に代え、この大会で好調だった千賀滉大、伊藤大海、岩崎優を次々に投入した。試合は8回表まで1対0で日本がリード。そのウラ。日本の好機に相手の失策がからみ1点を追加したのが大きかった。

2対0の9回。すっかり日本の守護神に定着した栗林がマウンドへ。このマウンドに向かうとき、田中将大らの大きな拍手に送られ、帽子をとって2回も頭を下げた栗林は、まさしく選手一丸となって戦う侍ジャパンの姿を象徴していた。

栗林は、先頭打者を3球三振に仕留め、その後、1安打を許したものの、ほとんど危なげはなかった。

そして最後の打者を遊ゴロに打ち取った瞬間に、日本の史上初の金メダルが決まった。

まっしぐらにマウンドに駆け寄った甲斐が、栗林に飛びつく。そして内野手が集まる。その輪のなかに、ベンチから一番先のグループで飛び出してきた森下も加わった。

ベンチのなかで後ろを向いて涙をぬぐっていた稲葉監督も出てくる。こうして侍ジャパンの熱く長い戦いは最高の形で幕を下ろした。

この試合は、ＮＨＫゴールデンタイムで生放送されたこともあり、五輪の競技種目では最高となる平均視聴率37・0％を記録した。

カープを引っ張っていく

試合後の稲葉監督へのインタビュー。先発の森下について。

「前の日に2人で話した。一人ひとり、思い切って自分の投球をしてくれれば…と話したが、彼は想像していた以上の投球をしてくれた」

そしてこの試合で、胴上げ投手になった栗林の言葉である。

「五輪が1年延期になったことで選んでもらえた。いろいろなことに感謝しながら投げた」

思うに、栗林はほんの5か月前まで、クローザーを務めた経験すらなかった。私は、彼を短期間でクローザーに育て上げた佐々岡真司の手腕に想いを馳せた。

さらにこの大会。不振と言われながら4番を務めた鈴木誠也の言葉である。

「得点圏で打てず、すごい迷惑をかけたけど、周りの選手がカバーしてくれた。感謝しかない」

私は思う。確かに鈴木は好機に打てなかった。しかし四球を選び、盗塁を仕掛け、チームの士気（雰囲気）を盛り上げるために懸命に戦っていた。つまりチームには十分に貢献していた。

そしてもう一人、菊池涼介の言葉である。

「大会中は興奮していてあまり寝付けなかった。広島へ帰ってからゆっくり寝たい」

いかにも彼らしいコメントだが、世界中の一流アスリートたちが一堂に集まって戦う五輪というのは、それほど厳しい場なのである。しかし覚えておこう。カープから選ばれた四人の侍は、主力選手として試合に出続け、それぞれ存在感を示してくれた。

これはシドニー、アテネ、北京の過去の五輪で一度も見たことのない光景だった。そう、カープの選手は、我々ファンが想像する以上にすごかったのだ。

特に、決勝戦を含む5試合のうち2試合に先発し2勝を挙げた森下。5試合のすべてに登板し2勝3セーブを記録した栗林は、長く日本球史に刻まれることになるだろう。

翌日（8日）の共同記者会見。森下は、笑顔でこう語った。

「本当に嬉しい。いろいろな人に勇気や感動を与えられたのかな、と思う」

この言葉は、自身がスタンドで応援したあの日産スタジアムの話に繋がっている。

たとえ無観客だったとしても、彼らの頑張りはテレビなどの映像メディアを通して、世界中に配信された。

彼らは、堂々とした真の金メダリストだった。彼らを送り出したカープ球団とカープファンは、もっと大きな自信と誇りを持ってよいのではないか。

そしてもう一つ。この会見のときに森下が口にしたもう一つの言葉が、私の心にインクのように染み込んだ。

「今回の経験を活かし、これから広島東洋カープを引っ張っていけるような投手になりたいと思います」

彼にとって、東京五輪はまだ一里塚にすぎない。彼のめざすところは五輪の金メダルではなく、そのはるか先にある〝カープのエース〟なのである。

そのとき彼が口にした素直な気持ち（意気込み）が、シーズン後半戦の小さな敵になることなど、まだ誰も知らなかった。

心のスキを突かれる

「侍ジャパンは、強いときのカープに似ていた。投手と野手の団結力がすごかった。そのことをチームに伝えたいと思い、早く帰ってきた」

予定より2日前にチームに合流した鈴木誠也が、こう言った。

8月12日。森下、栗林、菊池の三選手もチームに合流。これを他の選手たちが拍手で迎える。久しぶりに赤いカープのトレーナーを着て、軽めのトレーニング。そのとき森下と栗林がキャッチボールをした。ゴールデンコンビによるこのシーンは、あの沖縄キャンプ以来のことである。

しばしチーム内に和やかなムードが漂った。

翌13日。中断していたペナントレースが再開される。カープは大阪に移動し、阪神との三連戦（京セラドーム）に臨んだ。

その初戦。前半戦で３勝しか挙げていなかったエース大瀬良が復活。打線も効果的に得点を重ね、９対３でカープが首位・阪神を圧倒した。

しかし続く２戦目（３対９）、３戦目（０対３）は、阪神の巻き返しに遭って、このカードを負け越した。この試合の流れによって、ブルペンで待機していた栗林の出番は、とうとうやってこなかった。

そしていよいよ17日の中日戦に、注目の森下が、後半戦はじめての先発マウンドに上がる。

その前日（16日）のこと。バンテリンドームでトレーニングを終えた森下はこう語った。

「１回の入りに気を付けたい。後半戦は、投げる試合のすべてに勝ちにいく。そして、すべてのタイトル争いができるようにしたい」

しかし、東京五輪で日本中の注目を浴びた森下でも、チームに戻ると、それと同じことを繰り返すのは難しかった。

課題だった１回は、３人をテンポよく打ち取った。スキを突かれたのは、３回に７球で２死を取ってからのことだった。

1番・京田陽太を2ボール2ストライクに追い込んだあとの5球目。左打者の外角低めに見事な変化球が決まった…かのように見えた。しかし球審の〝ボール〟の判定に、ベンチに帰りかけた森下の足がピタッと止まった。

この打席で、京田に四球を許したことが、以降の短いドラマの幕開けになった。京田は、次打者・渡辺勝の3球目に、カープファンの誰もが恐れていた二盗を成功させた。

2死二塁。この場面を森下はこう振り返る。

「防げたところもあった」

結局、森下は、1軍で馴染みの薄かった渡辺に先制の適時打を許した。この1点が重くのしかかり、カープの打者のバットが空を切りはじめ、ついに三塁を踏む者もいなかった。

森下は7回を投げて、被安打6で2失点。決して悪い投球ではなかったが、味方の援護がなく0対3で敗れ、5敗目（6勝）を喫した。試合後、佐々岡監督が森下をこうかばった。

「カードの頭で投げているので、相手も好投手が出てくる」

そして森下の反省の言葉である。

「2死から四球を出したし、盗塁もあった。そういうのが重なっての失点。（次は）スキを見せないようにやっていきたい」

早い投球テンポ

8月24日の巨人戦。巨人の先発は、五輪で銅メダルを獲得したドミニカ共和国の主戦投手だったメルセデス。

そのためテレビ中継アナが、この試合を金メダリスト（森下）vs銅メダリストのマッチアップだと煽った。確かに、質の高い投手戦になった。

ただ、私の目にはいつもと少し違う森下の姿が映っていた。その違いというのは、森下の投球テンポである。彼はメルセデスのテンポに合わせるようにして、ほとんど間髪を入れず、テンポよく投げた。３回。そのテンポに応えるようにして、ド真ん中に入るカーブを坂本勇人に左翼スタンドに運ばれた。

そしてカープが1対1の同点に追いついた4回にも、１５０キロの速球を大城卓三にバックスクリーン左に運ばれた。しかし本塁打を打たれた投球以外は、ほとんど危なげがなかった。

1対2の投手戦が続いていた7回に、打たれる気配のなかった森下が、突然、大城にこの試合2本目となる本塁打を右翼席に打ち込まれた。結局、これが試合を決定づける一打になった。１対３。巨人がこの投手戦を制した。

森下はよく投げた。７回３失点で８三振を奪う。しかし、この試合で３本塁打を浴びて６敗目

（6勝）を喫した。

因みに書いておく。森下は新人王を獲った前シーズンには、計6本しか本塁打を打たれていない。しかしこのシーズンに打たれた本塁打は、すでにこの試合で計12本に達した。

その翌朝のこと。私は、いつも目を通している地元新聞コラムで興味深い記事を読んだ。その記者が、森下にこう訊いたという。

彼が、別のインタビューでタイトル奪取という目標を口にしていたからである。

「狙うのは、（昨季逃した）最優秀防御率ということでしょうか」

すると、森下は思い切り首を振ったという。そしてこう言った。

「全部です」

ヤッパ、そうだったのか。私は妙に納得してしまった。

彼は東京五輪で、掛け値なく日本チームをけん引した。その自信は、私たちの想像をはるかに超えていた。これからはカープを引っ張っていく。24日の投球は、まさしくそういう投球だったのだ。

ただ私に言わせると、チト肩に力が入りすぎていた。その結果が、投球テンポの早さに繋がった。

しかし私は思う。たとえ負けたとしても、それはそれでいいのではないか。これが黒田も言っていた「経験の積み重ね」である。

そう考えると、これは森下にとって価値ある敗戦だったともいえる。試合後、彼はこう語った。

「1点が守り切れていない。映像を見て、また一からやっていきます」

この小さな苛立ちを静めるように、敗戦の翌日（8月25日）は、森下の24歳の誕生日だった。

「ハッピーバースデー、森下！」

この日（25日）、偶然に、出身地・大分市からも嬉しい知らせが届いた。森下に「東京五輪での金メダルに貢献し、大分市民に大きな感動と勇気を与えた」として大分市民栄誉賞が贈られることになったのだ。

森下のコメントである。

「これからも大分市民の皆さまに、いい報告ができるよう頑張っていきます」

さあ、これからの舞台はカープである。これまでは23歳までの森下。これからは、また一つ大人になった24歳の森下の投球が見られる。

直球を狙われる

8月31日のDeNA戦だった。マウンドには、まだいつもとは違う表情の森下がいた。ただ前回のような速い投球テンポではない。

初回、四球で進まれた走者を三塁に置いて、4番・オースティンに低めの直球を中前にはじき返された。明らかに直球の狙い打ちだった。

そしてカープが6対1でリードした4回、ソトにタイムリー三塁打を許したあと、のちに栗林らと新人王を争うことになる牧秀悟に左翼席に2ランを運ばれた。さらに5回、佐野恵太にも153キロの直球を左翼ポール際に打ち込まれた。

その間、いつもの森下のキリッとした戦う表情が見られない。というか「打たれてはいけない」という守りの姿勢が透けて見えた。

結局、森下は6対4でリードを守ったまま、5回を投げ終えてマウンドを降りた。そこまで被安打6、自責点4。カープが勝っているのに、どこか冴えない表情の森下が気になった。その回が終わったあと、ベンチで汗を拭う森下のとなりに鈴木誠也がやってきた。そして2人で、穏やかな表情で何かを話していた。

その会話の内容（助言）について、あとで森下が明かした。

「相手に研究されている。その上を超えていかないといけない、と言ってもらえた」

この見方は、私と全く同じだった。DeNA打線は、明らかに森下の甘めの速球に的を絞っていた。

さらにもう一つ。再び、翌朝の地元新聞コラムのテーマ「森下 もっと首を振っていい」についての話である。

この試合で森下は、約1年ぶりに、その直前にケガから復帰していた會澤翼とバッテリーを組んだ。この状況は、東京五輪の初戦ではじめて甲斐拓也とバッテリーを組んだときに似ていた。森下は、４回途中まで會澤のサインに一度も首を振らなかった。コラムではこう指摘していた。

「自分の投げたい球と違って納得しきれずに投じていたなら、遠慮せずに首を振っていい。迷いは球に伝わる」

森下は４回途中から、ようやく2、3度首を振ったが、私が感じたいつもと違う表情というのは、コラムの指摘のように、この点に起因していたのかもしれない。

試合の結果は、６対７でカープの逆転負け。チームはここまで４連勝していたのに、この季タイとなる５連勝は逃した。

その数日後のことだった。あるＴＶ番組で、私と同世代の木下富雄さん（プロ野球解説者）のコメントを耳にした。

「森下が打たれると、どこか切なく感じますね」

世の中には、私と同じ感情を持つ同士がいる。

はじめてのスランプ？

次の登板（９月７日中日戦）の前日のことだった。森下はこう話した。

「ここ最近、力で抑え込もうとして力むことが多かった」

この時点で、彼は自分の映像を見て、そのことに気が付いていた。

森下は、再びバッテリーを組んだ會澤のサインに、今度は度々首を振った。そして表情も前の試合とは異なり、穏やかに見えた。

3回までは3人ずつのパーフェクト。やっと彼らしい投球が戻ってきたと誰しも思った。しかし4回に1点を取られてから、微妙に様子が変わりはじめた。そして6回に3安打を打たれ、3四球を許す。

彼はこの回、プロ初の押し出し四球を与えて3点目を取られたところで、回の途中（2死）なのに交代を告げられた。私はこのシーズン、これほど良くない状態の森下を見たのは、はじめてだった。

そのときの私の素人なりの印象（見方）を記す。おそらく何かのメンタルに起因するものだと信じるが、体のひねり、球のリリースの瞬間の動きがほんの少しずつ早い。言い方を代えれば、投球フォームの各ポイントでのタメが少なく、体が打者側に突っ込むと言ってもいい。

そのため、低めを狙った変化球がワンバウンド近くに外れる。6回の3四球は、いずれもそのパターンだった。結局、この試合は、6回途中まで投げて被安打9で4失点。

しかし野球というのは、ゲタを履くまで何が起こるか分からない。その後も加点され3対7でリードされたカープは、9回に2点を返したあと、前季、バッテリーを組むことが多かった坂倉将吾の劇的な逆転サヨナラ3ランによって、8対7で中日を破った。

おまけに坂倉は、この試合で規定打席に達し、同時にセ・リーグ打撃成績（打率）の首位に躍り出た。そして森下の負けはなくなり、後半4試合目で初めてチームが勝った。

しかしこの試合のあとの森下の落ち込み方は、フツーではなかった。同じ独身寮に住む同僚はこう明かす。

「いつもの森下とは違い、食事が喉を通らないみたいで、一人で深刻に悩んでいるようでした」

次も中6日で登板した中日戦。

「何かしないといけない」。森下の左手に、いつもの黄色とは違う黒色のグラブがあった。あまりゲンを担ぐタイプではないと思っていたのに、心の状態は、かなり深刻なものだったのだと思う。

それでも勝ち星は遠かった。森下は6回を投げ、8安打を打たれプロ最多となる6失点で降板した。特に6回は2死を奪ったあと、目の前でこれまで見たことがないようなシーンが展開した。

代打で登場した武田健吾を2ストライクから、外角低めのスプリットで空振りさせた。しかし會澤がボールを獲りそこなって、振り逃げが成立。その後、京田陽太に四球、髙松渡に死球を与えて2死満塁。この場面で、堂上直倫に右中間二塁打を浴びて一挙に3点を奪われ、この時点で1対6となり試合を決められた。

目の前にいるのは、もはやあの森下ではない。特にピンチになってから、彼特有のギアチェンジができなくなっている。そうなると、もはやフッーの投手ではないか。

これで6勝7敗。はじめて負けが先行し、それまで2点台だった防御率は3点台（3・12）にまで下がった。

ただ誰よりも、森下のことをよく視ている佐々岡監督はこう言った。

「極端に悪いという感じには見えない。明日、本人と話をしてみたい」

ともかく、森下の不調は深刻なものに見えた。この状態をスランプと呼ぶのだろうか。元来、スランプというのは、技術論だけでは語れないようなところがある。また内面（メンタル）を変えようとすると、よけいに深みにはまるという仕組みになっている。

この状態に陥ると、ファンの声援というのは無力なものになる。これを克服できるのは、切ないけれど、本人以外に誰もいない。

エースへ向かう階段

佐々岡監督が、森下とどのような話をしたのか、私は全く知らない。ただ20日のヤクルト戦に中5日で登板したときの状況を見て、おおよそのことが読めた。

森下には、一度先発を飛ばして調整するという選択肢もあった。しかし、本人には断固とした決意があったという。

「行かせてもらえるなら、行きたい」

この試合では、これまでと大きく異なる采配があった。それは相方として、同学年の石原貴規が「6番・捕手」で先発したことだった。

「アツさん（會澤）の構えているところに投げ切れなかった」

後半戦に入ってから、森下が一番反省していたのは、この点（自らの制球ミス）についてだった。それが、打者の反応を肌で感じながら投球する森下にとって、厳しい状況を作っていた。

石原とバッテリーを組んだこの試合では、森下は決め球でなくても、初球から首を振った。このことにより、自らの考えで打者を抑え込もうとする感覚のようなものが蘇ってきた。

7回までカープが2対0でリード。ヤクルト打線には、付け入るスキがなかった。スコアボードに「ゼロ」が刻まれ、さっそうとベンチに戻る姿は、いつもの森下だった。

しかしカープの8回の攻撃で、森下がバントミスしたのが微妙に影響したように思う。森下はそのウラ、ヤクルト打線に4連打を浴びて2点を失った。そしてこの試合は、9回を栗林ではなく、ケムナ誠が締めて引き分け（2対2）に終わった。

ただ私にはそのとき、どこかスッキリとした安堵感のようなものがあった。長く続いた森下の不調の原因が、この試合でぼんやりと見えてきたからである。

その一方で、このことを裏返してみると、いまの彼は自力だけを頼りにして打者を抑え込もうとするような傾向がある。まあ、若いときは、それでもいいのかもしれない。

森下という投手は、私たちファンが想像している以上に、ガラスのハートのような繊細な心をもつ投手である。

彼の場合、捕手のリードに従順であるよりも、自分の意思を貫く方が好ましい結果が出る場合が多い。それは、あるときは団体スポーツのなかで生きる人間として欠点になることもあるが、多くの場合で長所として称賛される。

投手という職業、特にその人がエースと呼ばれるような立場になればなるほど、〝自分の意思〟というのが大切になるのだ。

思えば、1年半前。私がはじめて森下という投手にフッーでない魅力を感じたのは、捕手・坂倉のサインに激しく首を振る健気な仕草（表情）だった。

「ガラスのハート」と「強靭な意思」。森下は一つ見方を変えれば、いまその両方を体の内に秘め、着実にエースへ向かう階段を昇っている。私の〝安堵感〟というのは、そういう思いを芯にしている。

チームが勝てばよい

後半戦７試合目の先発となった26日のＤｅＮＡ戦。相方（捕手）は、やはり気安く首が振れる石原だった。

この試合。３対２でカープが１点をリードした６回、２死満塁のピンチで、代打・楠本泰史を打席に迎えた。このとき森下は、２球で追い込んだものの、まさかの押し出し四球。これで３対３の同点に追いつかれ、この回でマウンドを降りた。

しかし７回表にカープが３点を挙げ、この時点で、思わぬ形で森下に勝利投手の権利が転がり込んできた。ところがこの試合は、終盤の打撃戦により、さらに一転二転。結局、10対８でカープが勝った。

森下は６回まで投げ、ともかく試合を作った。考えてみると、それでよいのではないか。勝敗というのは、戦うチームメートたち皆で背負うものである。

昭和の名曲「柔」に、こういう唄い出だし（歌詞）があった。

「勝つと思うな、思えば負けよ」

スポーツの世界で、これほど〝言い得て妙〟な言い回しはない。いま森下にとって大切なことは、自分の世界（勝敗）に閉じこもることなく、チームのために戦うことである。つまりチームが勝てば、それでよいのである。

このシーズンは、森下の勝ち星が多かろうと少なかろうと、もはや彼の功績（評価）に何の影響も与えない。もちろんタイトルなんか、どっちでもいい。エースの座を目指す森下にとって、このときの経験は、とてつもなく大きなものになる。


9月10日の巨人戦。森下ファンの誰もが、心から笑える試合が訪れた。その3日前（7日）のこと。後半戦で初勝利を挙げた玉村昇悟（20歳）が、ヒーローインタビューでこう言った。

「森下さんが勝っていないので、次は期待して下さい」

当時二人には、チームの足を引っ張っているという共通の思いがあった。そのことを独身寮で互いに励まし合っていたのだという。玉村のエールに応えた森下の言葉である。

「彼の言葉を聞いて、やらなければいけないと思って必死に投げました」

森下は再三のピンチを背負ったものの、7回まで巨人を無失点に抑えた。特に3点リードの7回、2死二、三塁のピンチで坂本勇人をこの日最速の153キロで二直に抑えた投球は圧巻だった。

何よりも良かったのは、ピンチでギアを上げる彼のスタイルが蘇ってきたことである。そして随所で見られた明るい笑顔。試合は3対1でカープの勝ち。森下は東京五輪前の7月14日以来、実に9試合ぶりに7勝目を挙げた。

そしてCS進出に向けて一縷の望みをかけて戦った16日の巨人戦。彼は6回途中まで投げ、接戦の試合（8対7）で先発としての役割を果たした。そして自身の8勝目を挙げるとともに、チームは3位・巨人に3ゲーム差まで迫った。

巨人の勝利によって、カープのCS進出の可能性が絶たれた23日の阪神戦。森下は力投した。8回までシーズン最多の133球を投げ、5安打1失点。試合は1対1で引き分けたが、「ゼロで抑えたかった」と悔しがった彼の姿が、どこか頼もしかった。

考えてみるに、このシーズン後半に苦しみ抜いた森下の姿は、かつて黒田博樹が、前田健太が、そして大瀬良大地が歩んできたのと同じ道である。あと1、2年かかるかもしれない。いま言えることは、森下という投手は、やがて自他ともに認める「カープのエース」になるだろうということである。

1年分の成長

コロナ禍の下でスタートしたこのシーズン。

森下は、その影響をまともに受けた。5月中旬には、コロナの濃厚接触者として2週間以上も戦線から離脱。さらに復帰後、今度はワクチン副反応が出て、予定していた試合の登板回避を余儀なくされた。

もちろんその間、体調の維持・管理に細心の注意を払う日々が続いた。その一方で、前年から稲葉監督の目に留まっていた東京五輪の日本代表チームのメンバー入りを実現させた。五輪での結果は、本章の前半で書いた通りである。この姿は、森下が子どもの頃から心に描いていた物語そのものだった。

そしてペナントレース後半戦に入った。カープは終盤戦で追い上げたものの、結局63勝68敗12分けで、セ・リーグ4位に終わった。

2年目の森下の成績は、8勝7敗、防御率2・98で、セ・リーグ投手成績の4位。振り返ってみると、第2章で書いた〝2年目のジンクス〟の影は、勝敗数の増減は別にして、うっすらと存在していたように思う。

コロナによる不運も、そのなかの一つの要素にすぎなかった。やはり2年目の壁は、想像していたより高かったのだ。

その正体はいったい何だったのだろうか。私の見方では、それは前年の成功体験からくるわずかな〝心のスキ〟と、五輪後の少し度を越えた〝力み（気負い）〟だったように思う。

その心のスキは、特に敗戦投手になった数試合で、何の予兆もなく突然に、そして無情に顔を出してきた。また度を越えた〝力み〟というのは、チームを背負う意識が強くなるにつれ、コントロールするのが難しくなっていった。

ただそれでも、ヤッパリ森下はすごかった。各チームの主力打者に対して真っ向勝負を挑む。打たれてもそこから粘る。ベンチから本気で声援を送る。どのシーンも絵になるというか、強くファンの心を打った。

またどうでもいい話だが、入団当初の〝少年顔〟が、いつの間にか〝大人顔〟に変わった。特に五輪後は、表情にいっそう逞しさが増し、精悍になった。おそらくチームを支えるという自覚が、表情に滲み出たからだと思う。

もうジャニーズ系などという言い方は、止めた方がいいかもしれない。


この章の最後に一つだけ、彼の投球（球種）について触れておきたい。それは、第２章で書いたこのシーズンの〝新球〟についての話である。

結局、どの試合でも、前田健太から握り方を教わったというスライダーもツーシームも目にすることはなかった。

その代わり、時々ではあるが、大切な場面で、前年までほとんど投げていなかった球種を目にした。それは、１試合に２、３球しか投げなかったスプリットである。

スプリットという球種は、落差が小さく、フォークよりも球速が早いのが特徴で〝高速フォーク〟とも呼ばれる。特に打者がストレート待ちで、打ち気に逸っているときに有効になる。

あるデータによると、森下の2021年の投球配分は、ストレート約48％、カットボール約23％、カーブ約15％、チェンジアップ約12％、スプリット約2％だった。

私が観た限り、森下のスプリットは、ボールになった場合と、空振りを奪った場合があったが、ただ、その球をヒットゾーンに飛ばした打者の記憶はない。

ともかく彼は、いつの間にか、4つの持ち球に加えてイザというときの〝勝負球〟を一つ増やしていったように思う。

2021年シーズンは、いろいろ次元の異なる出来事があった。そんななかでセ・リーグは、ヤクルトの6年ぶりの優勝で幕を閉じた。

私たちカープファンは、チームとして少々寂しい思いをしたときもあったが、実のところ、そうでもなかった。つまり、十分に楽しめた。

特に終盤戦になって選手が一丸となって見せてくれた追撃ドラマは、単に面白かっただけではなく、ファンの心をワクワクさせてくれた。

また東京五輪で、予想をはるかに超える投球を見せてくれた森下と栗林の勇姿は、生涯忘れられないだろう。私たち広島人が、あの8月6日午前8時15分に、東京五輪の選手村で一人頭を垂れて黙とうしてくれた一人の若い投手を、あらん限りの力で応援したことは、ごく自然なことだったように思う。

何があっても、彼には一流の投手に育ってもらいたい。この理由なきプロセスこそ、そこに創設された球団と選手とファンが一体となって創り上げる、世界に一つしかない物語だからである。

第5章　堂林はなぜ愛されるのか

森下に惚れる。

私はいま一人のカープファンとして、2020年に颯爽と登場し、東京五輪でその名を上げた青年の虜になっている。

ところがつい最近まで、これと同じような感情を抱く選手（打者）がいた。彼はいまでも〝カープの星〟になれるよう懸命にもがいている。

森下と堂林翔太。投手と打者の違いはあるものの、2人とも突然カープファンの前に現れ、私たちを物語の世界に引き込んでくれた、世代を象徴するアイドル的スターである。

その堂林のことを語りはじめるとき、私はどうしても、その起点となる2009年の夏の甲子園大会の一シーンを省くことができない。


2009年。高校生ナンバーワン投手（菊池雄星）とナンバーワン打者（堂林）の対決が実現したのは準決勝だった。いずれも優勝候補だった花巻東（岩手）と中京大中京（愛知）が対戦した。

しかしこの試合、菊池（花巻東）は、前々日に行われた今宮健太（現ソフトバンク）率いる明豊戦で左わき腹を痛め、先発を回避することになった。そのためエースで4番の堂林率いる中京大中京に、初回から打ち込まれた。

その1回に先制タイムリーを放った堂林は、投手としても8回を投げ、1失点と好投した。一方の菊池は、４回２死満塁の場面で登場したものの、３番打者に走者一掃の三塁打を打たれた。続く４番の堂林を、止めたバットに当てただけの一塁ゴロに仕留める。これが高校時代、唯一の菊池vs堂林の対戦だった。

試合は11対１の大差で中京大中京が勝ち、日本文理（新潟）との決勝戦に進むことになった。

その決勝戦は、高校野球（甲子園）史上、屈指の名勝負になった。９回表まで10対４で中京大中京が大量リード。堂林は、この試合でも初回に２ランを放ち、エースとして９回２死まで投げた。ところが信じられないドラマが、優勝まであと１人のところから唐突に幕を開けた。堂林が、四球と２本の長打で２点を失う。これで10対６。

この回、突然、彼の様子が変わった。私の目には明らかに、ここまで投げ抜いてきた疲労がたまっていたのが原因だったように見えた。

ベンチが救援投手を送り、堂林はのちの延長戦も含め、再登板に備え外野（右翼）にポジションを変えた。しかし、その後、彼の再登板の機会は訪れなかった。

手に汗握るというか、日本文理の猛反撃が続く。しかしその後、日本文理が３点を追加したところで、野球の神さまが割って入ってきた。

かろうじて10対９で中京大中京が逃げ切り、これがなんと同校43年ぶり７度目の全国優勝になった。

その後のセレモニーでは、両校の選手に、ほぼ同じくらいの惜しみない拍手と歓声が送られた。不思議なもので、試合に敗けたものの驚異の追い上げを見せた日本文理ナインの方に、多くの笑顔が見られた。

私はTV画面で、そのあとに続くシーンをさりげなく観ていた。その華やかな雰囲気のなかで、どこかフツーでないシーンが目に飛び込んできた。

それは中京大中京ナインが、左翼スタンドの応援団に挨拶を行いベンチに戻るときだった。急に堂林が目頭を押さえ、止まらなくなった涙を拭うために立ち止まった。

周囲にいた選手たちが、彼の肩を抱いて懸命に慰める。私はこのシーンを観て、思わずもらい泣きしそうになった。

本来なら、43年ぶりにチームを優勝に導いた喜びに溢れるところである。しかし彼は、あと一人のところでマウンドを降りた自分を責めた。

その涙のせいだったと思う。NHKのカメラが彼の表情を追い続ける。それはスポーツマンとして、なんとも切ない、しかしどことなく心の的を撃つシーンだった。この純なスポーツ魂が、その後の彼の野球人生を貫くことになる。

もちろんそのとき私は、この純な選手がのちにカープの一員になることなど、露ほども想像していなかった。

彼は、この大会６試合で23打数12安打、１本塁打、12打点。打率５割２分２厘。投手としても全６試合で投げた。

私の堂林物語は、ここからはじまる。

堂林を育てたい

高校生だった堂林翔太と野村謙二郎が出会ったのは、２００９年11月のことだった。マーティ・ブラウンの後を継いで、カープの監督に就任した野村の最初の仕事は、同年のドラフト会議で自ら描いた戦略を具体化することだった。

カープ球団の事前会議では、１位指名の今村猛（清峰高）は全員で意見が一致していた。しかし２位指名については、かなり議論があった。

当時、即戦力の投手を指名すべきという意見が多かったからである。しかし未来の主砲候補を獲りたいとして、その流れを変えたのは、監督に就任したばかりの野村だった。彼はそのときすでに心のなかで、若い打者を育て上げて戦うことを考えていた。

そのドラフト会議。カープの１位指名は、予定どおり清峰高の今村猛。そして２位指名は、中京大中京の堂林翔太。幸い、２人とも競合・クジ引きもなくカープに入団した。

いずれも甲子園で優勝を経験した投手だが、球団は今村を投手、堂林を打者として育成する方針を打ち出した。

この2人に対する球団の思い入れの強さは、2人が背負った背番号にも表れた。今村の「16」は、元カープのエース・安仁屋宗八などが付けていたエース番号である。そして堂林の「13」は、元ヤンキースの不動の四番打者だったアレックス・ロドリゲスの背番号に因んだものだった。

堂林は、初年度、ウエスタンリーグで7本塁打を放った。ただ2年目には1本塁打しか打てず、1軍への道はかなり遠いように見えた。その間、野村カープは2年連続で5位。なんとか上位浮上のきっかけを掴みたかった。

「堂林を育てたい」

野村監督が動きはじめたのは、2012年の春季キャンプのことだった。

覚悟の采配

2012年のカープ開幕戦（3月30日ナゴヤドーム）。

スコアボードを見て、誰しも目を疑った。まさかと思われていた堂林の名前が、「7番・サード」で表示されていたからである。それは、野村の覚悟の表明でもあった。

高卒3年目。まだ1軍の経験すらなかった堂林がいきなりスタメンに起用された。

どんな采配にも、そこに至るまでの物語（伏線）がある。野村は、当初、堂林をスタメンに起用するつもりはなかったという。たまたまオープン戦（当時ヤフオクドーム）で、王貞治と話す機会があったときのことである。

野村が、王に訊いた。

「実績ゼロの高卒３年目の選手を使ってみようと思っているのですが、王さんにはそういう経験がありますか？」

王は答えた。

「もちろんあるよ。もしキミに何か感じるものがあったら、使わなきゃダメだよ。責任をとるのはキミなんだから」

こうして堂林の〝いきなりスタメン〟が実現することになった。

さらにカープファンが驚いたのは、野村監督がそのときから、２０１２年シーズンが終了するまで彼を使い続けたことだった。

この選手が、そのシーズンオフに侍ジャパンのユニフォームを着て戦うことになるなど、一体どこの誰が予想しえたであろうか。

それはまさに野村の〝覚悟の采配〟が作り出した、他に存在しない物語だった。物語とは、神さまが創るものではない。意思ある人間が創るものである。

フルスイングと三振

その開幕戦の8回表。

7回まで完全試合を続けていた吉見一起が、栗原健太にその試合の初安打を打たれた。2死後、それまで2打席無安打だった堂林が打席に入る。吉見が投じた内角シュートを堂林がフルスイング。その打球が弾丸ゴロとなり三塁ベース上を抜ける。これが彼のプロ初安打(二塁打)になった。

そして4月24日。甲子園球場での阪神戦。

そこは当時、わずか3年前に高校球児(中京大中京)として頂点に立った、あの思い出のグラウンドだった。8回表。1死から、彼に3回目の打席が回ってきた。

それは、好投を続けていたメッセンジャーの決め球だった。外角に鋭いスライダーが投げ込まれた。堂林は、いつものようにフルスイング。打った瞬間は、右中間のフェンス直撃くらいのイメージだった。しかし、途中から打球の勢いがぐんぐん増した。かすかに弧を描いたその打球は、バックスクリーンの右横に飛び込んだ。

こうしてプロ77打席目にして記念すべき初本塁打が生まれた。カープはこの1点を守り切り、1対0で阪神を下した。

彼は一時、打率3割を越え、セ・リーグの首位打者に躍り出た。こうなると「7番・堂林」は、他球団から徹底的にマークされるようになる。

申し合わせたように、厳しい内角攻めが増えてきた。しかし彼は、いつも涼しそうな顔をして打席に向かった。

ただその一方で、彼のフルスイングには副産物（三振）が付いて回った。

しかし彼がいくら三振の山を築こうとも、野村監督は動かなかった。他の選手に代打を送っても、彼には決して代打を送らなかったのである。

「凡打も三振も同じこと。三振を恐れるな！」

次第に、堂林の心のなかに監督の言葉が沁み込んでいく。

来る試合も来る試合も、三振を繰り返す堂林。それをベンチでジッと見守る野村監督。その頃から、カープファンは、ようやく野村の本気を知るようになった。

野球というスポーツはそもそも、そういうスポーツなのではないか。打者というのは、３回のチャンス（ストライク）にすべてフルスイングするのが基本である。バットを振ることからしか、結果は生まれてこないからである。

カープ女子の誕生

彼の姿は、多くのファンの目に新鮮に映った。そして、どこか野球ファンの核心に迫るようなものがあった。

いまではフツーに使われているが、彼の存在が一つのきっかけになり、新たなファンが創り出され〝カープ女子〟という新語（当時）まで生み出された。

その頃の彼の身長は183センチ。体重は81キロ。プロ野球選手としては、決して大柄な方ではない。時々、華奢に見えたりもした。

入団後の彼は、チームメートから「ドーリン」「バヤシ」などと呼ばれて親しまれた。因みに、高校時代のニックネームは「タマゴ」だった。

彼は、当時、新しいタイプの男子の象徴とされた。「肉食系」ではなく「草食系」。美形というよりも、童顔が醸し出す雰囲気が人を惹き付ける。過去のカープ選手で言うならば、若き日の「ヨシヒコ」（高橋慶彦）に近い。

かくして水のしたたるような好青年に、広島中の熱い視線が注がれるようになった。それはデビューからわずか1か月余り、若葉が萌える5月初旬のことだった。

同年のオールスター戦。出場枠の「最後の一人」を決めるネットのファン投票で、まだ20歳11か月だったカープの堂林が選ばれた。

7月20日の京セラドーム、21日の松山坊ちゃんスタジアム、23日の岩手県営野球場。彼は3試合のすべてに出場し、５回打席に立った。

　いずれも凡退したが、そのとき全国各地の野球ファンから湧き上がった大きな拍手。彼はいつのまにか〝カープの星〟から、プロ野球界の〝話題の人〟になっていた。

　一人の若い選手が失敗を繰り返しながら、ひたむきに努力する。それを愛のムチで指導する監督がいる。全国のファンが、その姿を見ていたのである。

　それは言ってみれば、野球アニメの具現である。特に、プロ野球に無縁だった若い女性がそのことに興味を持つようになった。

　その人たちが球場にも押し寄せてくる。マツダスタジアムでは堂林が打席に向かうたびに、ひときわ大きな拍手が起きた。

　不思議なことに、この状況は、あの頃から９年が経過したいまでもあまり変わらない。

　それはマツダスタジアムの怪、カープファンの怪、広島の怪…、そう思っていたら、他の球場（神宮球場など）でもそうだった。

　実は、この状況のなかに、プロ野球ファンの応援文化の本質が潜んでいる。

　堂林という選手にスターとしての〝華〟があるのかと訊かれるならば、私は、そうでもないと答える。ただその一方で、本人がそう望まなくても、周囲の人たち（ファン）がそうしたいと願う選手はいる。

その代表格（象徴）が、堂林だったように思う。

堂林ブーム

オールスター戦前から5番に座っていた堂林は、ともかくクリーンアップの一員として機能していた。しかし試練は、容赦なく押し寄せてくる。

カープが初のクライマックスシリーズ進出に向けて好位置（3位）につけていた8月19日の巨人戦（東京ドーム）。堂林が、二つの連続エラーを犯して試合に負けた。

翌日、猛反省している堂林に、野村監督があえて厳しい言葉を投げかけた。

「昨日の試合は、お前のせいで負けた」

その日、グラウンド内で30分間に及ぶ監督のノックが続いた。滝のようにしたたり落ちる汗。後半になると、足元がふらつく。もちろんノックする野村の方にも体力の限界があった。

このシーンは、まるで野球漫画のようだった。愛のムチというのは、こういう姿のことを指すのだと思う。

そもそも野球の試合の負けというのは、みな「お前らのせいで負けた」のである。それが個人に向って「お前のせいで……」と言われること自体、大変名誉なことではないか。

その堂林の姿を、一目観てみたい。この連鎖の現象によって、マツダスタジアムには連日、多くのファンが詰め掛けた。

そのためマツダスタジアムでは、本来はビジター側の席である三塁側・内野席に観客が集中した。言うまでもなく、三塁の守備についた堂林を観るためである。

そういう人たちの一部は、ゲームの展開にあまり関心を示さないため、堂林がエラーをしても拍手を送った。

そもそも、そうでなくても広島人のカープ選手に対する思い入れは尋常ではない。言ってみれば、カープ選手たちはみな、わが子のようなものなのである。

その目の前に、まるで劇画の主人公のような選手が出てきた。こうして広島の街に、空前の堂林ブームが起きた。

1年だけの輝き

振り返ってみると、このシーズンにカープ選手のなかで全１４４試合に出場したのは、堂林だけだった。

そして彼は、同年11月、第３回ワールドベースボールクラシックの前哨戦となったキューバとの国際親善試合で、日本代表メンバーに選ばれた。

このシーズン。プロ野球界に彗星の如く現れた堂林は、４８８打数１１８安打、打率２割４分

2厘。そして本塁打は14。打点は45。特に本塁打14は、カープ打者のトップであるだけでなく、セ・リーグの日本人打者の2位タイの成績だった。

一方、彼のトレードマークのようになった三振の数は、球団記録を大きく塗り替え150に達した。うち88％が空振り三振。積極的にバットを振ったものの、その割にバットに当たらなかったという見方もできる。

しかし彼は、試合に休むことなく出続けた。考えてみると、三振数は、その勲章であるとも言える。さらに彼は12球団トップのエラー（29個）を記録した。

思うに、堂林は、自らの力で這い上がってきた選手ではない。言ってみれば、野村監督の未来戦略のなかに、偶然、その役割が描かれた選手だった。

そういう意味で、2人の出会いがなかったら、そのときの堂林の台頭（急成長）はなかったと思う。ただ、それが野球人生というものでもある。

2012年の堂林現象というのは、プロのスポーツマンとして、野球という競技に果敢に挑戦する青年の純な姿に、ファンが共鳴したものだった。

ただ同じ状況が長く続くことはなかった。こうして創られたスターは、その2年後、野村の管理下から巣立っていくことになる。

2014年にカープの監督が野村から緒方孝市に変わってから、彼のポジションは微妙に変化していく。

7年間の苦闘

背番号「7」。このカープのラッキーナンバーは、恩師の野村謙二郎がかつて現役時代に付けていたものだった。2013年シーズンから、堂林がこの番号を背負うことになった。

かつて高橋慶彦がそうであったように、また前田智徳がそうであったように、カープというチームは、これからしばらくの間、堂林翔太という選手と命運を共にすることになる…はずだった。

現に、私が13年の開幕前にカープ講演のネタとして、次のようなアンケート調査を実施したときのことだった。

その設問の一つにこういうのがあった。

「カープの4番は誰がふさわしいと思いますか？」

すると、それぞれ僅差で1位・エルドレッド、2位・栗原健太、3位・堂林翔太だった。

ところがその期待感をあざ笑うかのように、水の流れは、球団とファンの思いとは別の方に向かっていく。

それでも、まだ野村が監督だった13、14年には各100試合前後の出場を果たし、好不調を繰り返しながら、それなりの成績は残した。

しかし、監督が緒方に変わった15年。彼はわずか33試合の出場に留まり、放ったヒットはわずかに18本。本塁打は0本だった。

その後、次第に1軍と2軍を往復する選手になっていく。その間、彼の役割は左投手への代打、代走、守備固めになった。

ただ球場には、他の選手とは異なる不思議な雰囲気が漂い続けた。時々なのに、彼が打席に向かうたびに、万雷の拍手が湧く。この正体はいったい何だったのだろうか?

私はこう思った。ファンは堂林のプレーの成果だけを求めているのではない。そこに向かって歯をくいしばってがんばる姿を、自分の姿に置き換えて、声援を送っていたのではないか。

そうなると、たとえ監督の交代によって、彼の出場機会が減ったとしても、ファンの気持ちというのは変わらない。

カープファンは〝堂林〟の名前を聞いただけで、まるでパブロフの条件反射みたいに〝さあ応援だ〟という体制に入るのだ。

「がんばれ、堂林!」

それは確かに、目の前にいる選手に向かっている。しかしひょっとしたら、その声援は、必ずしも成功者とは言えない自分に向かっている可能性もある。

人生というのは、そういうものであろう。本当に成功するのは、ほんの一握りの人たちにすぎない。

私の好きな小林一茶の句に、こういうのがある。

「やせ蛙 負けるな一茶 これにあり」

一茶の句には、幼な児や「雀」「蛙」などの小動物を題材にしたものが多い。そこに生き物（人間含む）に対する温かさ、優しさを感じる。懸命にがんばる人を応援する気持ちは、大切な人間の美学なのではないか。

堂林がファンの前で、その第二幕を見せてくれるのは、12年のブレークから実に8年後のことになる。

メンタルトレーニング

私がナマの堂林に会ったのは、２０１８年シーズンオフのこと。地元のＴＶ番組に共に出演したときだった。

そのシーズンの彼の成績は、63試合に出場し51打数11安打（２割１分６厘）、５打点だった。もちろん満足できる数字ではなかったが、私はある意味で、２０１２年ブレークのときよりも〝大人の打撃〟を感じていた。

具体的に書けば、誘い球の変化球に対し、安易に空振りしなくなった。そしてスイングでは安打にならなくても、しっかり球を捉えている。つまり打席を重ねれば、必ず結果は出てくるという確信があった。私は、オフ・マイクのときに、その思いを彼に伝えた。

「ずっと観ていますが、年々、良くなっていますよ」

彼は恐縮したように、小さく頭を下げた。しかし、ひょっとしたら愛想のよいお世辞に聞こえたかもしれない。

さらに、私の方から訊いてみた。

「何か、メンタルトレーニングはやっていますか？」

すると、彼は首を横に振った。

私は、当時、彼が新井貴浩を師と仰ぎ、その前年から最福寺（鹿児島県）で新井と共に護摩行をやっていたことをよく知っていた。あくまで私の素朴なギモンだが、彼はなぜ7年間も苦闘し続けなければならなかったのだろうか。

私は、こう思っていた。彼に必要だったのは、相手を上回る精神力（気）だったのではないか。技術というのは、あくまで〝肉体〟と〝気〟の支配下にすぎない。これが、あのとき私が、暗に彼に伝えたかったことである。

余談になるが、そのTV出演の本番前に、彼がみんなに見せてくれたものがあった。

彼が示したスマホ画面には、まるで細工して創られた人形みたいな幼女の姿が写っていた。訊けば、１年前（当時）に生まれた長女だという。

おそらく全国区で言えば、奥さんの方がよく知られているのではないかと思うが、堂林は２０１４年に６歳年上の枡田絵理奈さん（当時、ＴＢＳアナウンサー）と結婚した。

その２人の間に生まれたのが、いま６歳（長男）、４歳（長女）、２歳（二女）の三児である。彼は、誰にも負けない子煩悩だった。

本人の話によると、奥さんはフッーに近くの大型スーパーに行き、夏には子どもたちを連れて市民プールに通っているという。

11年目の覚醒

２０２０年。佐々岡真司が次の監督に就任した。シーズン前、堂林はこう語った。

「新しい監督になったというタイミングですし、チャンスを掴むのは、本当に今季がラストだと思っています」

これは、彼の本当の気持ちだったと思う。ちょっと書きづらいが、地元の心ない記者たちの間では、こう囁かれていた。

「堂林はカープでよく働いてくれた。ただ心機一転ということもある。どこか新しい道を探してあげてもいいのではないか」

彼は、かつて愛知県代表（中京大中京）として、地元を盛り上げた立役者の一人である。そのため名古屋での人気も高い。

この状況下。堂林の次の物語（第二幕）が、何の予告もなく、突然に幕を開けた。

春季キャンプ。堂林はいつものシーズンのように松山竜平、安部友裕らとの一塁ポジション争いのなかにいた。

そのとき筆頭候補だった松山が、ケガで離脱。オープン戦、練習試合で結果を出し続けていた堂林にチャンスが回ってきた。

コロナ禍のため大幅に遅れた、6月19日のＤｅＮＡ開幕戦。彼は「7番・一塁」で２０１４年以来6年ぶりとなる開幕スタメンを勝ち取った。しかし左腕の大野雄大に対し、４打数無安打に終わった。

そして第2戦は、右腕のピープルズ。堂林起用は左腕対策だと思われていたのに、彼の「7番・一塁」スタメンは変わらなかった。この佐々岡采配が、この年のドラマの流れを創ることになった。

カープは、堂林の５打数４安打が効いて10対５で快勝し、開幕２連勝を飾った。試合後、堂林はこう語った。

「右投手だったにも関わらずスタメンで使ってもらって、監督の期待に応えたいという一心で無我夢中でやりました」

その後も、堂林は打ち続けた。6月25日の巨人戦、彼は２０１７年5月31日以来、実に１１２１日ぶりとなる一発を放った。

このニュースに、思わず目頭を押さえるファンもいたくらいである。

そして、その3日後（28日）の中日戦では、右中間へ2号2ラン、7月8日のＤｅＮＡ戦では、3号逆転満塁弾をバックスクリーンに叩き込んだ。

見たか、これが、カープファンが11年間も待ち続けた堂林の姿である。

このとき多くのカープファンが、自分の目を疑いつつも、半ば感涙し、この状況を見守り続けた。２０２０年7月。彼は打率が4割を超え、セ・リーグの首位打者に立った。

美しい打ち方

私はそれまで、11年間も彼の打撃を見てきた。その頃、ようやく彼の打ち方の完成形を見るような気がしていた。大きかったのは、新井貴浩から学んだという打ち方が実践できるようになったことだったように思う。

これを文章で説明するのは大変難しい。しかし勇気を出して書いてみよう。

まずバットを、気持ち分、投手方向に寝かせて構える。その形をスイングのギリギリ前までキープし、できるだけ球がベースに近づくまで待つ。

そして打つと決めた瞬間に、すべてを一気に開放する。この球を自分のポイントまで引き寄せる打ち方によって、下半身に粘りが出てきて、緩い誘い球に手を出す回数が少なくなってきた。

またそのことによってフォーム全体がリラックスし、上体が前に突っ込まなくなった。スイングに入っても、下半身からひねりはじめ、グリップが常にヘソの前にあり、球に力が伝わりやすい。

この形はチャンスのときでも、しっかりとキープされていた。思うに、この点は、急いで打ちにいかないというか、メンタルの力によるところが大きかったのではないか。

遡って2017年1月。堂林は、志願して新井が毎年続けていた護摩行（最福寺）に参加していた。新井にはこう声をかけられたという。

「これをやったからといって、野球はうまくならないぞ」

心機一転を図ったこの年（2017年）、彼は3年ぶりに開幕を1軍で迎えた。私が年々良くなっていると実感したのは、この頃のことである。


堂林には、ここに至るまでの長い道のり（葛藤）があった。

〝カープのプリンス〟と騒がれた2012年には、打てなくて先発から外してほしいと思ったこともあった。しかし二児の父（当時）になったこのシーズンは、別人のようになった。

7月2日のヤクルト戦だった。投手は小川泰弘。打者は堂林。そのときテレビ解説をしていた前田智徳がこう言った。

「これはバッターがどう打つのかではなく、ピッチャーがどう抑えるかです」

この言葉を分かりやすく解説すると、こうなる。

「いまの堂林なら、どのピッチャーの球でも打てる。小川がどうやって抑えようとするのか、そこが見どころである」

苦節11年。堂林は、ようやくこのレベルの打者に成長した。

もちろん打てないときもあった。しかし少し間をおいてから、また調子を取り戻してくる。こうして、彼は再び、カープになくてはならない存在になった。

地元新聞に、堂林と同期入団した庄司隼人スコアラーのコメントが載っていた。

「長く一緒に由宇球場（岩国市）で競う日々を過ごした。10代のときから内角球がうまくさばける打者だった。体をくるりと回して球を運ぶ形は〝彼にしかできない打ち方〟。選球眼も向上しバットが素直に鋭く出る。もともと彼は天才です」

このシーズンに限って言えば、12球団のなかで最も美しくバットが振れる打者の一人が、堂林だったように思う。

特に、低めの球に軽くバットを押し込むようにスイングし、センターバックスクリーンに運ぶ打ち方は、まるで芸術のようだった。その間、どこにも強弱のアクセントはなく、美しく滑らかにバットが流れる。

このシーズン。彼は120試合のうち111試合に出場した。そして401打数112安打（打率2割7分9厘）、14本塁打、58打点を挙げた。打率と打点は、自身のキャリアハイ。本塁打は、あの2012年と同数だった。

シーズン終了後、彼はこう語った。

「今シーズンに関しては、数字へのこだわりはありませんでした。監督、コーチの方に使ってもらって、試合に出続けることができたのが一番だったと思います」

それは、果てしなく長い道のりだった。あの涙の甲子園（2009年）から、実に11年の歳月が流れていた。

一転、2021年の不振

この世のすべての営みと同じように、この物語にも、まだ延々とした続きがある。2021年はカープの主力打者として、期待されてスタートしたシーズンだった。

2月23日の中日との練習試合。そのとき堂林が放ったバックスクリーンへのホームランは、バットのヘッドがきれいに抜けた完璧な打ち方だった。このホームランが出るときの彼のコメントは決まっている。

「あそこまで飛ぶとは思わなかった」

彼の場合、理想のタイミング（ポイント）で球にコンタクトできれば、本人の想像をはるかに超える飛距離が出る。

ただこのシーズン、堂林は、開幕直前にケガをしてしまった。しかし、開幕戦（3月26日・中日戦）にはなんとか間に合った。

ところが、前年のようなスタートダッシュが見られない。そればかりか、バットスイングが力なく空を切る。私は、すぐに思った。

「昨季のような打ち方ができていない」

技術的なことはよく分からないが、素人目には、ほんの少し始動が早いように見えた。そのためボール半個分くらい前（投手側）で打ちにいっている。

つまり自分のコンタクトポイントまで引きつけられていないので、自然、バットスイングの力がボールに伝わらない。

私は思う。技術的な問題は、メンタル（考え方）からくる場合が多い。彼の場合、2020年のブレークを経て、徐々に打撃に対する考え方が変わってきたのではないか。

具体的に書けば、打席に入る前、凡そ狙うべき球を決めていたように見える。その結果、球種が違っていたら、ど真ん中でも見逃す。これはプロフェッショナルな打ち方ではあるが、堂林の本来の姿ではない。

この点について、TV解説をしていた恩師の野村謙二郎はこう語った。

「彼の好不調のバロメーターは、ファーストストライクを振れるかどうかです。振れれば、高い確率で打てる。振れなければ、高い確率で打てない」

これは核心をついた、親心のある解説だと思った。多少の例外はあったとしても、その指摘は、結果としてほぼ当たっていた。

打てなくなった結果、彼の表情も微妙に変わっていった。具体的に書くと、絶対に打つという〝覇気〟のようなものが感じられなくなったのだ。

不思議なもので、打者の覇気というのは、相手投手に伝わる。

「堂林は恐くない」

そういう雰囲気が、打席付近に漂ってしまったように思う。ただこの状況を打破できるのは、本人以外、誰もいない。

「負けるな！　堂林」

堂林に対するファンの応援は、その状況下でも続いた。

しかし同年6月21日。ファンにとって哀しいニュースが新聞の片隅に掲載された。不振の堂林が、ついに出場登録を抹消されたのだ。

このシーズンは開幕を「7番・三塁」で迎えたものの、その前半戦、一度もスタンドを沸かせることができなかった。

主な出場機会は、試合の終盤での守備固め。2軍行き直前の18～20日のDeNA3連戦でも代走と守備固めで途中出場したものの、一度も打席に立てなかった。

そこまでの堂林の成績は、打率1割8分4厘、0本塁打、4打点だった。前年に覚醒したと思われた堂林に、いったい何が起きていたのだろうか。

諦めない日々

考えてみると、プロ野球界には常に1000人に近い現役選手がいて、日夜、1軍で活躍できるよう訓練を重ねている。

しかし、すべての選手が1軍で活躍できるわけではない。私は、一度も1軍に昇格することなく、静かに球界を去っていった多くの選手を知っている。

少年時代の夢を追い続け、運よくその入り口に到達できたとしても、1軍で活躍し、多くの人に感動を与えるということは至難のワザなのである。

しかし堂林は、それを堂々とやって見せてくれた。そう考えると、一時の不振などは問題ではない。人間、誰にでも浮き沈みはある。

真夏のような暑さの6月下旬。由宇球場で東出輝裕2軍打撃コーチと練習に取り組む堂林の姿があった。彼はこう話した。

「コーチと話しているのは打撃の基本的なこと。打席に立ったら、まずはしっかりと打ちに行くことを考えようと……」

よろしい。その通りだと思う。この姿勢こそが堂林の本当の姿であり、人々の感動を誘うものだったのだから。いまこそ、フルスイング。あの「三振を恐れるな」という恩師の言葉を思い起こすときである。

8月。彼は、2軍で〝1番打者〟として多くの試合に出場した。そしてようやく安打を量産しはじめ、本塁打を放ち、粘って四球も選べるようになった。

特に、1月に一緒に自主トレをしたチームメートたち（鈴木と森下）の五輪での活躍は刺激になった。

「2軍と五輪では全然違うけど、同じ野球。1軍でまた一緒に戦えるよう頑張るだけ」

2軍での日々。堂林の諦めない姿が、周囲の人たちの心を打った。

8月20日。広島で後半戦のスタートとなったヤクルト戦。堂林が1軍に呼ばれ、すぐに「6番・一塁」でスタメン起用された。

しかし2打席無安打。4対4の同点となった6回1死一、三塁の3打席目には、代打に松山竜平を送られた。

因みにこの試合は、その松山が右犠飛を放ち、5対4でカープが勝った。

その4日後の巨人戦。堂林が再び「2番・左翼」でスタメン起用された。このとき2打席目で久しぶりに放った右前打を見て、私は思った。

「かつての堂林が戻ってきた」

彼はその前後の打席でも、右中間方向に、いつもの彼らしい当たりを飛ばしはじめていた。

しかし、その後、堂林は何度か代打に送られたものの、凡打を重ね、その頃、2軍で調子を上げていた3年目の正隨優弥と入れ替わるような形で、再び降格した。

それでも堂林は2軍で、1試合6打点を稼ぐなどの活躍を見せ、再び10月2日、打撃不振の田中広輔に代わって1軍に昇格した。そして同日のヤクルト戦で、すぐに代打で起用され、彼らしい中前打を放った。

さらに6日の中日戦。3番にスタメンで起用された堂林は、1回1死一塁の場面で左中間を深々と破る先制二塁打を放った。彼が打点を挙げるのは、4月6日のヤクルト戦以来、実に半年ぶりのことだった。

ただ巡り合わせというのだろうか。このシーズン、同じ守備位置（一塁）には首位打者を争う坂倉将吾、三塁には売り出し中の林晃汰がいた。つまり、堂林に定位置が与えられることはなかったのである。

こうして広島の街に、いつのまにか冷たい秋風が吹きはじめるようになった。このシーズン、もがき続けた堂林の飽くなき戦いは、事実上ここで一区切りを迎えた。

11月5日。カープファンがホッとするようなニュースが流れた。

この季、堂林が取得していた国内フリーエージェント（FA）権を行使するかどうかに注目が集まっていたからである。会見で、彼はこう語った。

「こんな僕でも12年間やらせてもらい、家族も広島がすごく好き。愛着が一番でした。1年でも長くカープで野球人生を送りたい」

彼は、シーズンが終了したわずか4日後に早々と残留の意思を表明した。そして会見をこう締めくくった。

「悪かったときに、いろんな方に背中を押してもらい、ここまで頑張れた。（行使に）揺れることはなかった」

穏やかな表情で切々と語る言葉の一つひとつが、やけに心に沁みる。

この堂林の姿を目の当りにして、思うことがあった。

私たちファンは、彼に必要以上に大きな期待（プレッシャー）をかけすぎていたのではないか。その結果「がんばれ、堂林」を言い過ぎたように思う。

ひょっとしたら、もうこの言葉はいらないのかもしれない。彼は十分にカープファンのために頑張ってくれたではないか。

私たちファンは、30歳になった堂林のことをこれまでみたいにアイドルのように応援するのは、もうどこか筋違いなのではないか。

堂林よ、どうか私たちの舌足らずな声援は受け流してほしい。私たちが本当に伝えたいのは、その声援の芯にある感謝の気持ちである。

「ありがとう、堂林！」

もし堂林が再び調子を取り戻してくれるなら、そのときはまた無邪気に声をからして応援するだろう。しかしこれからは、そのことを決して重荷に感じることなく、自由にのびのびとやってほしい。

私たちファンは、キミが赤いユニフォームを着て戦っている限り、どこにいても心のなかで応援し続ける。

カープファンとして堂林を応援する日々は、みんなで大きな夢を追いかける日々だった。それだけで、もう十分である。

私は思う。堂林はいまでも、根っこから周囲の人々の夢を誘うような稀有な選手である。もちろん来季の奮起を期待している。

いま言えることは、私たちファンの心のなかに石碑のように刻まれた〝堂林〟の名前は、永遠に消え去ることがないということである。

第6章　知られざるヒーロー伝説

72年余の歴史を刻んだカープ球団に在籍した選手は、ゆうに5000人を超える。森下は、まだその末端付近に名を連ねている。

その選手たちの少年時代からカープ選手になった経緯、さらに彼らの実績、移籍、引退などを考えてみると、そこには無数の知られざる人間ドラマがあった。

カープファンは折々に、その物語を自分の人生と重ね合わせてきた。そして、その物語のどこかに、何かしら生きるヒントのようなものを求めてきた。

もちろん、一人ひとりの胸の内に仕舞い込まれた話もある。一方で、多くの人の心のなかに、決して消し去ることのできない形で、まるで昭和、平成の遺跡のように深く刻み込まれた話もある。

それは、プロ野球界の大河の一滴にすぎないかもしれない。しかしその大小一つひとつの物語が、今日のカープを作り上げてきた。

この章では、それらの話をあまり知らない若いカープファンのために、小さなヒーロー伝説として書き留めておきたい。

やがて後世に、森下の物語が語り伝えられるように……。

ＹＫ砲

一定の年齢を重ねたプロ野球ファンなら、巨人の「ＯＮ砲」を知らない人はいない。日本中を熱狂させた世界のホームラン王・王貞治（Ｏ）と、ミスタープロ野球と呼ばれた長嶋茂雄（Ｎ）を並べた打線のことを指す。

この２人を擁した巨人は、１９６５年から73年にかけて、毎年の恒例行事のように９年連続で日本一になった。当時「ＯＮ砲」と言えば、泣く子も黙る…、いや相手チームが戦意を失うほどの強力コンビだったのである。

この状況に〝待った〟をかけたのは、カープの２人の強打者だった。そのきっかけになったのは、１９７５年７月19日のオールスター第一戦（甲子園）である。

まだ若手だった山本浩二（のちにミスター赤ヘル）と衣笠祥雄（のちに鉄人）が、ともに２打席連続でアベック本塁打を放った。その後、２人は「ＹＫ砲」と呼ばれ、第一期のカープ黄金時代を築くことになる。

ただ巨人ファンなら、こう言うだろう。

「ＹＫ砲？　そんなのＯＮ砲にかなうわけがない」

確かに、公式戦でのアベック本塁打の数で言えば、「ＯＮ砲」の１０６回に対し、「ＹＫ砲」は

86回だった。

しかし、ひたすら打った「ＯＮ砲」に対し、「ＹＫ砲」にはベースボール本来の面白さというか、他にない魅力があった。山本は11年連続で2桁の盗塁、通算で２３１個を記録。一方の衣笠は、通算で２６６盗塁。76年には盗塁王まで獲得している。そう、「ＹＫ砲」には、打つだけでなく走る面白さがあったのだ。

もちろん打撃の方でも「ＯＮ砲」に負けていなかった。山本の通算本塁打（５３６本）は歴代4位。衣笠（５０４本）は歴代7位である。

ちなみに「ＹＫ砲」以外で、２０００安打以上、５００本塁打以上、２００盗塁以上を達成した選手は、これまで10万人近くいた日本のプロ野球選手（大リーガー除く）では、張本勲しかいない。つまり「ＯＮ砲」のいずれも、これに該当していないのだ。

カープでは、4番打者でも走る。これが伝統になった。カープファンは、その礎を創った「ＹＫ砲」をもっと誇りにしてよいのではないか。

若いカープファンのために、「ＹＫ砲」の実績をまとめて記しておく。

山本の現役18年間の通算成績は２３３９安打、５３６本塁打、１４７５打点。通算打率は２割９分だった。

さらにMVPは2回、ベストナイン、ゴールデングラブ賞は各10回を数える。特に30歳を超えてから長打が目立つようになり、本塁打王4回、打点王3回を獲得している。

一方の衣笠は、現役生活の23年間、通算2543安打、504本塁打、1448打点を挙げた。そして84年にはMVPと打点王を獲得した。

彼は入団4年目の1969年以降、ずっと試合に出続けた。つまり23歳のときから40歳に至るまで、一度も休むことなく試合に出続けたのである。その間、ケガであれ、風邪であれ、不調であれ、1試合でも休むと、もう二度とやり直しはきかない。

そして1987年に、当時ルー・ゲイリックが持っていた2130試合連続出場の記録を更新。さらにその後、記録を伸ばし続け、これを2215試合（当時・世界新）とした。

おそらく日本のプロ野球界で、もうこれ以上の〝鉄人〟が出現することはないと思う。

奪三振にかけた男

いまなぜ多くのカープファンが、森下の投球に惹かれているのだろうか。その訳の一つについて書いてみたい。

私の少年時代。草野球のマウンドに立ったときに目指していたのは、目の前にいる打者から三振を奪うことだった。

もちろんバットに当てられることは数知れずあった。しかしその場合でも、アウトかセーフかは別にして、いい当たりをされること自体が嫌だった。

投手の本懐というのは、打者から三振を奪うことにある。もし多少の暴論を許していただけるなら、チームが勝ったか負けたかというのは、その次にくるくらいの話だと考える投手がいてもよい。

そういう意味で、長年プロ野球界を観ていて、本当にファンをワクワクさせてくれるような投手は数少なかった。

いまから39年前。私の目の前（カープ）にとてつもない投手が現れた。それは、南海（現・ソフトバンク）からやってきた江夏豊だった。

彼が三振を狙って獲りに行く姿。さらに言えば、バットにボールを当てられた瞬間にその結果を予測して、打球を見ないままスタスタとベンチに還る姿を見るのは、なぜか爽快だった。

それがなぜだったのか考えてみると、打者が最後のバットを振り終えた瞬間（凡打の場合）に、もう彼の仕事は終わっていたからである。

江夏の人を寄せ付けないような雰囲気。グラウンドの土をゆっくり踏みしめるような彼流の歩き方。どこから見ても、文句を言わせないような圧倒的な存在感があった。カッコいいと言うか、抑えても打たれても絵になる投手だった。

カープは１９７９・80年に連続日本一を達成した。この偉業は、79年に救援投手として史上はじめてＭＶＰに輝いた江夏の存在をヌキにしては語れない。

遡って１９７５年。念願のリーグ優勝を果たしたカープは、阪急（現・オリックス）と日本シリーズを戦った。しかし０勝４敗２分けで惨敗。しばらくの間、常勝・阪急の時代が続いた。

「阪急とカープのチーム力の差はない」

当時、カープの古葉竹識監督は、マジでそう考えていた。ただ一つ決定的な差があったとすれば、阪急には絶対的な抑え（山口高志）がいた。しかしカープにはそれがいなかった。

そこで古葉監督が動く。彼は、自身がコーチ時代に世話になった南海の野村克也監督に電話を入れた。

「江夏を譲ってほしい」

当時、江夏は野村監督の巧妙な説得と指導によって、先発から抑えへと役割を変えた投手だった。そのときカープにトレードされた江夏の心境は、第１章（53Ｐ）で書いた森下との対談を参照してほしい。

ともかくカープの江夏が誕生し、のちに「江夏の21球」などの数々の名シーンを生み出すことになった。その江夏のこだわりは三振を獲ることだった。

遡って、阪神入団2年目（1968年）のこと。年間奪三振の日本記録となる354個目の三振を巨人の王貞治から獲ることを公言し、それを実現させる日がやってくる。

そのときの巨人戦。江夏は王の打席が回ってくるまで、他の打者から三振を取らないよう調節しながら投げた。そして本当にこのウソのような計画を実現させる。その執念たるや、劇画の世界を超えていた。

このシーズンに獲った三振は、結局401個。この記録は、あれから半世紀以上が経過したいまでも破られていない。

また同僚・田淵幸一とバッテリーを組んで出場したオールスター戦（1971年7月17日）では、9者連続三振を奪った。つまり当時、オールスター戦で投げられた3回9人の打者全員から三振を奪ったのである。

ちなみに、このとき最後となる9人目の打者（阪急・加藤秀司）が一塁側へキャッチャーフライを打ち上げた。そのとき江夏が田淵に向かって叫んだ言葉は、ヤッパ劇画の世界を超えていた。

「追うな！」

江夏は全員から三振を獲るため、9人目の打者を意図してフライアウトにしなかったのである。

彼はプロ入り4年で1000奪三振を達成した。そして6年連続でセ・リーグ最多奪三振。まさに、侍のような雰囲気を持つミスター奪三振王だ。

江夏はのちにこう語っている。

「ボクが投げられたのは、ストレートとカーブだけ」

彼はたった2つの球種の出し入れだけで、日本中のプロ野球ファンを惹きつけたのだ。いまでも私にとって、あの時代の投手のヒーローは江夏である。

このタイプの投手がなかなか出てこないと思っていたら、ようやく森下という投手に出会えた。2人はどこか、打者に立ち向かう個性的な投げ姿と、人を惹き付けるような雰囲気が似ている。

繰り返して書くが、投手という生き物の本懐は、打者から三振を奪うことである。

ヨシヒコ伝説

第5章で書いた堂林翔太、そして森下暢仁。ともにカープに在籍し、一時代を築いた一人の選手の延長線上にいるような気がしてならない。

その原点になった選手というのは、通算1722試合に出場し、1826安打（打率2割8分）、163本塁打、604打点、477盗塁をマークした高橋慶彦である。

高橋、堂林、森下ともに、仮に野球選手になっていなかったとしても、ジャニーズ系のスターとして十分に通用していたのではないか。

3人の共通点は、純な野球少年のプレーがそのままプロ野球の舞台で披露され、全国のファンの心を惹きつけたということである。

高橋の登場もまた、まるで野球漫画の一コマのようだった。

「お前が出てくるか、俺がクビになるかのどちらかだ」

それは、カープがリーグ初優勝を果した2年後（1977年）のことだった。どうしても日本シリーズを制して日本一になりたい。

古葉監督が打ったもう一つの手は、阪急の盗塁男・福本豊に負けない走力を持つ内野手を育てることだった。

彼は、コーチ陣の反対を押し切り、ほとんどその名が知られていなかった高橋を「1番・ショート」に起用した。しかも、不器用だった彼をスイッチヒッターに仕立てて…である。

この話は、第5章で書いた野村謙二郎と堂林の話に似ている。その高橋は、のちに〝走るカープ野球〟の元祖と言われるようになった。

鍛え抜かれた肉体の美しさ。塁間を走るスピード感。球ぎわで鋭さを増す攻撃的な守備。その少年野球のようなプレースタイルが、あっという間に全国のプロ野球ファンの心を捉えた。

そして彼の人気は急上昇。その頃に生まれた広島の男児に「ヨシヒコ」の名が多いのは、そのためである。

1979年7月31日。広島市民球場での巨人戦の1回ウラ。スイッチヒッターの高橋が右打席に入る。投手が左腕の新浦壽夫だったからである。

その2球目。高橋の打球は地面をなめるようにして、左翼手・柴田勲のわずか手前でワンバウンドした。これが、いまでも誰も抜くことのできない〝33試合連続安打〟の日本記録になった。

その記念ボールは、そのとき一塁手だった王貞治から高橋に手渡された。

「ヨシヒコ、おめでとう！」

ただここまでの話なら、年配のカープファンなら誰でも知っている。

しかし、そのとてつもない記録が達成されてからわずか7分後。突然に起きた哀しい悲劇を覚えている人は少ない。

2回表の巨人の攻撃のときだった。1死後。一塁走者・山本功児を置いて、6番・柴田が投ゴロを打った。投手・山根和夫が捕球し、くるりと振り返って併殺を狙って二塁に送球。

そこで事件が起きた。遊撃手・高橋が二塁ベースに入り、そのまま一塁に転送する流れだった。

しかし、スライディングしてきた山本の左足スパイクが、高橋の左ひざを直撃する。高橋はひざから崩れるようにして倒れ、そのまま起き上がることができなかった。

彼は藤井博コーチにおんぶされ、退場。すぐに救急車で病院に運ばれた。診断の結果は重い左ヒザ損傷で、続く5試合に欠場せざるを得なくなった。

ただしまだ、あの日本記録は続行中。8月8日の阪神戦、彼は万雷の拍手を浴びて広島市民球場のグラウンドに戻ってきた。

しかし8日間（5試合）のブランクは大きかった。阪神の先発・江本孟紀に執拗な内角の速球で攻められる。結果は三振、三振、中飛、遊ゴロ。4打席を打ち終えて、彼のさらなる日本記録更新への挑戦は終わった。

高橋は、実に55日間をかけて日本記録を作り、その7分後におんぶされてグラウンドを去った。なぜだったのだろうか。高橋という選手には、華々しい実績のあとに、どこか哀しい物語がついて回った。

彼は、1979年の日本シリーズで最高殊勲選手賞。85年には73盗塁で3度目の盗塁王を獲得した。その頃のヨシヒコの姿は、カープファンの誇りだった。

しかし内野手リーダーの後継者・野村謙二郎の台頭もあり、90年にロッテ、91年に阪神に移籍。その後、92年に現役を引退した。

しかし彼は、どこに行っても〝赤いカープのヨシヒコ〟だった。

いまでもカープファンに数えきれないくらい楽しい思い出を残してくれた「ヨシヒコ」の名前を忘れるファンはいない。

直球人生

「敵は敵にあらず、敵は内なる我なり、弱気は最大の敵」

この言葉を世に広めたカープの投手がいた。

1982年ドラフト1位。山口・南陽工高から社会人野球（協和発酵）を経てカープに入団。その1年目に11勝を挙げ、球団初の新人王に輝いた。

津田恒美は、常に全力投球で駆け引きも少なく、どこまでも打者に向かっていく絵になる投手だった。その姿に多くのファンが惹きつけられた。

2年目の津田は、前半戦だけで9勝を挙げた。ところが無理をして投げたことにより右肩三頭筋を痛め、後半戦を棒に振る。

そして3年目には、右手中指の血行障害。彼はこのまま「右手が腐っていくのではないか」と感じたという。

しかし津田が本領を発揮しはじめたのは、カープが6度目のリーグ優勝を果たした86年だった。彼は先発を諦めてから、ストッパーとして不死鳥のように蘇った。

同年9月23日からの巨人3連戦。先勝したカープにマジック14が点灯した。

その2戦目（24日）。カープリードの9回ウラ。打席に宿敵・巨人の4番・原辰徳を迎えた。

津田の渾身の150キロに、原がファウルで粘る。

そのファウルの何球目だったのだろうか。津田のストレートをフルスイングした原が、左手首を骨折した。それほど津田のストレートには威力があったのだ。

この骨折によって、原は大事なシーズン終盤に、無念の戦線離脱を余儀なくされた。しかしこの2人の因縁の対決には、まだ続きがある。

同年、津田はセ・リーグからカムバック賞を贈られ、以降、そのときを迎えるまで90セーブを挙げた。そして89年には、最優秀救援投手賞に輝いた。

津田伝説は、その後、いっそうドラマ性を増してくる。

翌年（90年）。津田は、右肩痛を訴えて戦線を離脱。それに加え、何か得体の知れない身体の変調を感じるようになった。

91年の開幕早々の巨人戦。私は、その場面を一塁側スタンドで観ていた。8回表。1点をリードしたカープは、津田を復活マウンドに送った。

そのときリリーフカーに乗って、私の目の前を通過した津田に、万雷の拍手が送られた。私もかすかな不安を抱えながら、立ち上がって拍手したのを覚えている。

しかし津田は、あっという間に無死一、三塁のピンチを迎え、あの原を打席に迎えた。原は、津田の力ない直球を左前にはじき返し、巨人が同点に追い付いた。

「どうした、津田！」

ファンは祈るような気持ちで、その状況を見守った。

しかしこの原への投球が、彼の野球人生の最後の一球になった。このとき津田は、わずか９球を投げただけで、頭を垂れたまま下を向いて降板した。

私たちファンは、このときを最後に津田の姿を見ることはなかった。

その後、医師の診断結果が発表された。病名は「悪性脳腫瘍」。いまでもそうだが、当時の医療技術では回復の難しい難病だった。

いまなお語り継がれていることがある。それは、カープの91年のリーグ優勝は、ナインみんなが〝津田のために〟と心を一つにした結果だったということである。

その後、壮絶な闘病生活を続けながらも、津田の「もう一度投げたい」という執念のような気持ちは変わらなかった。

彼は、自らが回復の難しい病気にかかっていることを知りながら、それでもわずかな希望に向かってリハビリを開始した。

のちに、彼の生涯を描いたＮＨＫスペシャル「もう一度投げたかった～炎のストッパー津田恒美の直球人生～」が放映された。

私はいまでも、奥さんが運転するクルマの助手席で、ナイター照明に浮かぶ広島市民球場を眺めながら「もう一度、あのマウンドに立つ」と誓うシーンが忘れられない。

彼は、その一途な思いだけで、一時は長男とキャッチボールができるくらいにまで回復した。

しかし93年7月21日。奇しくも、かつて津田自身も投げたオールスター第一戦のTV中継の放映中のことだった。津田の訃報が伝えられた。

背番号14。私たちはマウンドから飛び跳ねるようにして投げ下ろす、あの豪快な投球フォームを決して忘れない。誰が名付けたのか、正しく〝炎のストッパー〟だった。

いまでもマツダスタジアムの一塁側ブルペンに、1枚のプレートが掲げられている。その一文である。

「弱気は最大の敵」

いまなお津田は、カープ投手陣の精神的な支えであり続けている。

孤高の打者

私は、2007年に『前田の美学』（宝島社）という単行本を著した。

正直に言って、当時は数少なかった一人の野球選手の物語が、全国で10万部近く売れる作品になるとは思っていなかった。

なぜ売れたのか。それは決して著者の力量によるものではない。全国に神秘に包まれた摩訶不思議な打者・前田智徳のことを知りたいと思ったファンがいたからである。

彼はホームランを打っても、自分の打撃に満足せず、憮然としてベースを回った。いったい何が不満だったのだろうか。私だけでなく、全国のプロ野球ファンがその訳を知りたいと思った。

彼がメディアインタビューで語った言葉のごく一部である。

―野球は嫌いですが、打撃は好きです

―前田は死にました

―理想の打球は、ファウルならあります

どの言葉にも、彼特有の含蓄に富む深い哲学が滲んでいた。そのため彼の周辺には、いつも近寄りがたい雰囲気が漂った。私はその頃の彼を「日本で最も美しい打者」として描いた。

ただ彼は、山本浩二や衣笠祥雄のように大きなタイトルを獲得したわけではない。強いて言えば、無冠の打者だった。

それでも彼は、公式に数えただけでも30回以上のケガ（両足アキレス腱手術を含む）を克服し、ついに07年9月1日に史上36人目の2000安打を達成した。

彼は、規定打席に達した11シーズンで打率3割を超え、通算でもチームで唯一3割（3割2厘）を超えた打者（現役除く）である。

そして晩年は、代打の切り札となり、ファンからは〝カープの神〟と崇められた。

2013年4月23日。ヤクルト戦（神宮球場）だった。

8回表。前田は、そのシーズンからヤクルトのユニフォームに袖を通したルーキー江村将也の投球を左手首にまともに受けた。突然、場内の雰囲気が変わった。

「何をするんだ！」

そのときの前田の怒りの表情は、それまで24年間の選手生活のなかで一度も見せたことのないものだった。

左手首を押さえた前田が、鬼のような形相でマウンドの江村に向かって怒鳴った。そして数歩だけ歩み寄った。私は、そのとき前田のただならぬ気配を感じた。

その後、グラウンドは乱闘の一歩手前までになったが、前田はすぐに一塁方向に歩きかけ、途中でうずくまった。

このちょっとした騒ぎのなかで、カープの古沢憲司コーチ（当時）が退場処分になった。そしてこの一瞬のドラマが、悲しい結末を生むことになる。結果として、前田の激しい闘魂は、ここでプツリと切れた。

翌日の新聞に、野村監督のコメントが載った。

「彼が（死球直後に）長い間お世話になりましたと言うから、そんなことは言うなよと声をかけたんだが……」

それまで前田のこのシーズンの成績は、9打数4安打4打点。打率は4割4分4厘。正しく〝カープの神〟だった。

その数日後の新聞に、前田に死球を投じたヤクルトの江村の弁明が載った。

「あれだけの大打者。内角を攻めるしか抑えるすべはなかった」

若い投手が、死球を狙って投げるようなことはない。しかし心の底で、当たっても仕方ないと思って投げることはある。私は、いまでもそういう投球だったと思っている。

最後というのは、何の前ぶれもなく突然にやってくる。その内角シュートが、結果として24年間の前田の選手生活にピリオドを打つことになった。

私はその後、前田が宮島の対岸にある大野練習場で、一人淋しそうに海を見つめる後ろ姿を見たことがある。その直後のことだった。前田の引退が発表された。

この悲しい出来事は、NHKが特番を組むほどだった。そのシーズンオフのこと。私は、地元ラジオ局の「前田智徳を語ろう」という番組に出演した。

他に、彼の現役時代にトレーナーを務めていた鈴川卓也さんも出演していた。番組MCが、その鈴川さんに難しい質問をぶっつけた。

「もし前田がケガをしていなかったら、彼は、どのくらいの選手になっていたと思われますか？」

そのときの鈴川さんの答えは、私を驚かせた。

「もちろん〝たられば〟はありませんが、ボクは彼の今日があるのは、ケガをしたせいだと思っています。彼は、もうダメかと思われたケガを一つずつ克服することによって、スポーツマンとして、すごいものを掴んでいったように思います」

これは、前田と共に苦しみを味わったスポーツトレーナーが、肌で感じたすごいコメントだったと思う。

前田という打者は、信じられないような幾多の困難に直面しながら、その都度、それを正面から直視し、血の滲むような努力によって、それらを一つずつ乗り越えていった類いまれな求道者だった。

そして何より大切なことは、人間、どんなことがあっても諦めてはいけないということである。前田という孤高の打者は、全国の野球ファンに心身のすべてをかけて、そのことを教えてくれた。

日米の長いドラマ

1996年ドラフト2位でカープに入団した黒田博樹は、最初にカープに在籍した2007年までに２７１試合に登板した。うち74試合で完投。完投率は27・３％だった。

つまり彼はその頃、ほぼ３試合に１試合の割合で完投していたのだ。黒田は〝ミスター完投〟と呼ばれ、セ・リーグの力投型・本格派投手の代表格になった。

その結果、11年間の成績は１０３勝89敗。投球回数は１７００回を超えた。その間の奪三振は１２５７、防御率は３・69だった。

彼は、この成績を引っ提げて大リーグに挑戦することを決意した。

渡米したときの黒田は33歳。フツーなら投手として、そろそろピークを迎える時期だった。しかし黒田は、その常識を覆した。

彼はドジャースで４年間、ヤンキースで３年間、いずれのチームでもローテーションの柱として投げ続けた。特に、ヤンキース３年間での投球回数は６２０回に達した。その結果、米球界屈指の安定した投手として評価されるようになった。

２０１４年オフ。彼は、米大リーグ複数球団から各20億円前後のオファーを受けた。にも関わらず、その後、日本中がアッと驚くような行動を起こす。

同年12月26日。そのニュースは、おだやかな日本の年の瀬に、突然、飛び込んできた。

「黒田、カープに復帰！」

20億円前後のオファーを断って…なぜ。それは、何事にもお金がからむ現代社会では考えられない話だった。

彼は以前から口にしていた言葉を、本当に実行に移したのである。

「最後の1球はカープで投げたい」


カープに復帰した2015年シーズン。黒田は26試合に登板し、2570球を投げた。その結果は11勝8敗。防御率2・55。日本中が黒田フィーバーで沸くなかで、彼は気迫溢れる投球を見せてくれた。

しかしカープは最終戦で中日に敗れ、CS進出を逃すことになった。そのとき黒田はすでに心のなかで幕引き（引退）を考えていた。

しかし、それを引き留めたのは「まだ一緒に野球をやりたい」というチームメートたちだった。彼は、現役続行を決意する。還ってきてくれた黒田とともに、リーグ優勝を果たしたい。その一念でカープナインが一丸となった。

2016年シーズン。すでに満身創痍だった黒田は、7月23日の阪神戦（マツダスタジアム）で、そのシーズン最多となる9三振を奪うとともに、日米通算200勝を達成した。

こうした雰囲気のなかで、カープは25年ぶりのリーグ優勝に向かって突き進んでいく。このカープの快進撃は、当時〝黒田効果〟として称賛された。

そしてマジック１で臨んだ巨人戦（東京ドーム）。

「今日で終わっても、投げられなくなってもかまわない」

黒田の気迫は頂点に達した。そのとき最高球速は１５１キロ。そして６回までを３失点に抑え９勝目を挙げ、リーグ優勝を決めた。

こうして彼は、カープとカープファンを25年ぶりの美酒に酔わせてくれた。黒田にとっても、20年目で初めて味わうリーグ優勝だった。

最後の３球

２０１６年10月25日。ついにそのときがやってきた。

日ハム対カープ。日本シリーズ第３戦（札幌ドーム）。黒田がプロ20年間の集大成として臨んだ最後のマウンドだった。

彼は６回１死まで日ハム打線を４安打１失点に抑えていた。そして打席に二刀流で注目を集めていた大谷翔平（ＤＨ）を迎えた。

この試合、ここまで黒田は被安打４のうち半分（２安打）を大谷に打たれていた。これがその日、３回目の対決になった。

すでに、この日本シリーズを最後にして引退を表明していた黒田。一方で、これから日本（のちに米国）のプロ野球界を背負って立つ大谷。いやでも日本中のプロ野球ファンが注目することになった。

時刻は20時33分。黒田が投じたその試合の85球目は、鋭いフォークボールだった。この球を大谷がフルスイング。ただ打球に力はなく、平凡なレフトフライに終わった。

これが結果的に、黒田がプロで公式に投げた〝最後の1球〟になった。その直後、彼は両足に異変を感じ、両手を膝について顔をしかめた。

のちに球団関係者は、こう語っている。

「あのとき黒田は、軸足となる右足に相当のダメージがあり、とても踏ん張れるような状態ではなかった」

それでも彼は、一度ベンチ裏に下がったものの、再びマウンドへ戻ってきた。場内のカープファンから、何とも表現しにくい悲鳴と拍手が起きた。

黒田が投球練習に入る。その1球目を投げたとき、ほんの2・5メートル後方で見ていた盟友・新井貴浩はこう思った。

「これはムリだ。両足がガタガタ震えている」

それでも彼は、2球目を投げた。周囲に異様ともいえる沈黙が広がった。

2対1でカープがリード。彼は、まだ自分の責任を全うしようとして、懸命に捕手・石原慶幸のミットをめがけて白球を投げている。

テレビ画面を見ながら、私は、心のなかで叫んだ。

「誰かタオルを投げてくれ！」

３球目を投げた後、ようやくそのタオルが投げ込まれた。

これを決断したのは、誰でもない黒田本人だった。彼はここに来て、ようやく自分が限界を過ぎたところに立っていることを悟った。

「ここはカープにとって大切な日本シリーズの舞台。思うような投球ができない自分がチームに迷惑をかけてはいけない」

彼は、自ら降板を申し出た。この無情な光景が、これまで見たことのない沈痛な空気のなかで流れていく。

これがマウンド上で観る黒田の最後の姿になった。うかつにも、両目から涙がこぼれた。

彼がマウンドを降りるとき、万雷の拍手を送ったのは球場の３分の1を占めていたカープファンだけではなかった。このときばかりは、このドラマをよく知っている日ハムファンも加わった。

彼はベンチ前まで歩き、最後に目頭を押さえた。苦闘20年。あのとき彼は、いったい誰と、いや何と戦っていたのだろうか。

その思いの先にあったのは、類まれな才能に恵まれた大谷ではなかった。パ・リーグ最強の日ハム打線でもなかった。

そう、彼が戦っていたのは、限界を超えた自分の姿（肉体と精神）だった。

私の視点で書くならば、彼の最後の1球は、若武者・大谷を打ち取ったフォークボールではない。足に決定的なダメージを受け、なお気力で日ハム打線に立ち向かおうとして投げた、あの試投の3球目である。

黒田は、広島東洋カープという地方球団に、わずかに残っていた体力と精神のすべてを捧げた。そう、その言葉どおり、最後の1球まで……。

あのシーンは、彼のすべてが燃え尽きた瞬間だった。私はまだ、日本のプロ野球界でこれほどまでの壮絶な戦いを見たことがなかった。

黒田は「最後の1球をカープで投げたい」という願いを、ホロ苦くも、最高の形で実現した。

あの試合。渾身の力を振り絞って投げた85＋3球は、おそらく永遠に私の心のなかから消え去ることはない。

どんなドラマにも、やがて終演のときがやってくる。しかし、人々の心のなかに刻まれた名シーンには、終演などあるはずがない。

かつて日本のプロ野球界に、これほどまでチームを愛したホンモノの選手がいただろうか。

私たちカープファンは、彼の〝カープ愛〟をいつまでも忘れない。そして心から想う。黒田とともに戦った日々は、本当に幸せだった。

森下とともに

これまで書いてきた伝説のヒーローたちには、いくつかの共通点があった。それは隠しても隠しきれない「強い個性」や「溢れる人間性」だった。

いま私が、そういうフツーでない雰囲気を感じているのが、清楚な外見なのに人並み外れた「能力」や「強い意思」を持つ森下暢仁という投手なのである。

ヒーローというのは、それぞれの人の心のなかに棲んでいる。私にとってのヒーローは、いつの時代でもカープ選手のなかにいた。

おそらく少年時代に身についた野球心が、年齢を重ねても抜けきらなかったせいだと思う。そのヒーローたちのプレーが、生きていくための小さな支えになっている。

そのヒーローが活躍し、カープが勝つと、知らず知らずのうちに全身の血液が活性化してくるのだ。そういう意味で、これまで書いてきたヒーローたちには、言葉では言い尽くせないほどの深い感謝と尊敬の念を抱いている。

こうしていまは、たまたま森下という若い投手を応援している。言ってみれば、彼は、私の生きる道標みたいな存在なのである。

私ができなかったことに対し、彼は想像をはるかに超える形で、堂々と果敢に立ち向かってくれる。私にとって、これほど素晴らしい光景はない。

テレビ中継で時々見るシーンがあった。

それは、自分の意思と若い捕手の意思（サイン）が著しく異なる方向にあるとき。彼の真っ正直な気持ちが、その表情からかすかに読み取れた。

しかし不思議なもので、そんなときほど応援のボルテージが上がり、愛おしさが増した。

「がんばれ、森下！」

私はいつもこう思っている。打たれてもいい。負けてもいい。キミが全力で立ち向かってくれるなら、それで十分なのだ。

私の青春時代に、よく唄ったフォークソングがある。その曲名は「若者たち〜空にまた陽が昇るとき」。

ゆったりとしたメロディに乗って、藤田敏雄の詞が紡がれる。

「君の行く道は 果てしなく遠い
だのに なぜ 歯をくいしばり
君は行くのか そんなにしてまで」

さらに、第３節でこう唄われる。
「君の行く道は 希望へと続く
空に また 陽が昇るとき
若者は また 歩きはじめる」
若者が、歯をくいしばって立ち向かっていく。そして何があっても諦めず、また立ち上がる。
人生、それでいいのではないか。
その姿くらい清く尊いものはない。

おまけの章　私の監督論

「白石（当時のカープ監督）は、人情がありすぎる。もうちょっと厳しゅうやらんといけん！」

１９５５年の頃、物心ついた私の耳に入ってきた巷のカープファンの声は、半世紀以上が経過したいまでも頭の片隅に残っている。

広島に住んでいると、どこで何をしていても、この種の話で盛り上がる。私は時々、理髪店の会話を基にして、コラムエッセイ（原稿）を書いたことがあった。つまり世間の目は、いつも新鮮で示唆に富んでいる。

広島でみんなが考えていること。その民意は時を経て、やがて日の目を見ることになる…場合が多い。

２０２０年から指揮を執る佐々岡真司は、カープ17人目の監督である。

時期を変えて監督を2回経験した白石勝巳、森永勝也、山本浩二をそれぞれダブルカウントすれば、第20代ということになる（表３）。

表３　カープ歴代監督と在任期間

順	監督名	在任期間
1	石本秀一	1950～53
2	白石勝巳	1953～60
3	門前真佐人	1961・62
4	白石勝巳	1963～65
5	長谷川良平	1965～67
6	根本陸夫	1968～72
7	森永勝也	1972
8	別当薫	1973
9	森永勝也	1974
10	Ｇ・ルーツ	1975
11	古葉竹識	1975～85
12	阿南準郎	1986～88
13	山本浩二	1989～93
14	三村敏之	1994～98
15	達川光男	1999・2000
16	山本浩二	2001～05
17	Ｍ・ブラウン	2006～09
18	野村謙二郎	2010～14
19	緒方孝市	2015～19
20	佐々岡真司	2020～

広島におけるカープの監督というのは、ある意味で、知事や市長よりも大きな役割を果たすこともある。

そもそもプロ野球の監督というのは、時々のファンの不平不満を全身で受け止める仕事であると言ってもよいようなところがある。

私は思う。佐々岡監督は本当によくがんばっている。しかしその話とは別に、どんな状況にあっても、次の監督について思いを巡らせておくことは大切なことである。

次の監督は？

カープが苦しくなると、ふと頭に浮かんでくる人物がいる。

「黒田は、いつ監督として戻ってきてくれるのだろうか？」

この声は、私が通う理髪店のお客の会話でも聞いたことがある。この種の話が無責任かつ気軽に語られるときには、不思議に穏やかな空気が流れている。

ただ人間というのは、与えられた仕事に対し、どうしても「向き」「不向き」というのがある。そこで考えるのが、黒田博樹という人物が、果たして監督という仕事に向いているのかどうかということである。

私の思いは伏せたまま、長年の良きアドバイザーである2人の識者に意見を聞いてみた。その

1人目は、現在、大学で教鞭を執るスポーツ経営学の講師である。

「ファンの間では、黒田や新井を推す声も多いと思うが、いまはこの3年間（Bクラス）を分析して組織を立て直すときである。私が推すのは、リーグ3連覇の基礎を築いた野村謙二郎だ」

彼はこう続ける。

「話が分かりやすく、組織論もしっかりしている。監督退任後も広島大学（大学院）に通って勉強もした。カープを一から立て直すには、野村氏が最適だと思う」

もう一人。カープ論では私も一目置く広告プロデューサーの話である。

「世間では佐々岡監督への風当たりが強いときもありましたが、彼でなかったら、森下も栗林もいなかった。少なくとも向こう5年間くらいの至宝を引っ張ってきた功績は何物にも代え難い」

彼は佐々岡監督のさらなる続投を推しながら、こう言う。

「どうしてもということなら、第2期となる野村謙二郎でしょう。その際は、前田智徳を打撃コーチに呼んでもらいたい。ヤクルトの村上宗隆が、前田の助言を真剣に聴いて開眼したとも伝えられているし、カープの若い選手も彼の話には耳を傾けると思う」

こうなると、もはや楽しい巷のカープ談議（理髪店の会話）である。ここで書きたいポイントは、野村謙二郎の評価が思いのほか高いということである。

優れた監督の条件

２０２０、21年の佐々岡カープを振り返ってみよう。

彼は、当初の球団の目論見どおり、ややギクシャクなっていたチームの雰囲気を柔らかくしてくれた。さらに言えば、若手を積極的に起用するなど選手の世代交代を促し、一定の役割を果たしてくれている。

前述のように、森下をドラフト1位指名したこと。さらに栗林をクローザーに抜擢したことなどは、自身が名投手だったことによる大きな成果だったと思う。

しかし2年間の成績は、カープファンが満足できるようなものではなかった。その主因の一つは、目を覆うばかりの外国人選手の不振だったように思う。つまり、采配以前に戦力が手薄だったのである。

冒頭で書いたように、その成果と反省点を整理しながら、一方でファン（大衆）として次の監督を語りはじめることは決して無駄なことではない。

そこでまず黒田監督云々という前に、優れた監督の条件というのは、いったいどんなものなのだろうか考えてみたい。

私が愚考する〈優れた監督の条件〉を表4にまとめてみた。大きく括れば、次の4項目になる。

（1）チームを優勝（勝利）に導く
（2）選手を育てる
（3）ファンを楽しませる
（4）円滑なチーム運営・管理

さらに、これらのために必要な能力をそれぞれ3つずつ挙げてみた（同・表4）。はっきり言えることは、これまでカープの監督を務めた17人には、それぞれの項目において濃淡があるということである。つまり、万能の人はいない。

私の視点では、チームを勝利に導くことにおいては、古葉竹識、緒方孝市。選手を育て上げることについては、根本陸男、野村謙二郎。ファンを楽しませることについては、達川光男、M・ブラウン。そしてチームを円滑に運営することについては、白石勝巳、阿南準郎などが長けていた。

実のところ、優れた監督のタイプについては、正解というものがない。強いて言えば、そのときのチームがどんなタイプの監督を求めているのかということが、評価基準の一つになる。つまりカープの歴代17人の監督は、すべて正しかった。言ってみれば、時々のニーズが創り出した監督だったのである。

そこで知りたいのは、はたしてファン待望の黒田は、これらの条件のいくつかを満たしているのか、あるいは時代が求めている人材なのかという点である。

表4 優れた監督の条件

基本条件	能力
チームを優勝（勝利）に導く	・勝負への執念 ・巧みな選手起用と采配 ・戦う空気を作る
選手を育てる	・長期戦略を持つ ・野球理論の信念を持つ ・指導する力
ファンを楽しませる	・強い個性を持つ ・エンターテインメント力 ・観客動員マインド
円滑なチーム運営・管理	・コミュニケーション力 ・円満な人格 ・信用・信頼性

答えは、いずれもイエス。つまり、いまこそ〝黒田監督〟なのではないか。

カープはいま、リーグ3連覇で築いたチームの土台や伝統のようなものを簡単に手放してはいけない。

正直に言って、監督としての真の能力というのは、やってみなければ分からないようなところがある。しかも人の見方によって評価は分かれる。

しかし近々、カープの第2期黄金時代の中心にいた黒田の力を借りないという手はないのではないか。彼には、再びチームに勢いを呼び込める特有のムードがある。

2016年11月4日。彼の引退会見のときのシーンを巻き戻してみよう。ある地元記者がこう訊いた。

「またカープに戻ってこられるという希望はいかがですか？」

黒田はこう応えた。

「現時点、まだ全然そこまでは思い付かない。いったんちょっと野球を離れて、自分がどれだけ野球が好きだったのかって、離れれば、またそういう気持ちも分かってくると思うんで……」

つまり彼はそのとき、カープへの再復帰を否定しなかった。

いましばらく時間がかかってもかまわない…と思う。しかし多くのカープファンが、できるだけ早く、黒田が赤いユニフォームを着てグラウンドに戻ってきてくれることを願っている。

監督の縁―衣笠と山本

次に書くのは、監督になるためには、本人と球団との間に〝阿吽の呼吸〟が必要になってくるという話である。

あれは２０１０年春のこと。大学発の市民講座（ひろしま市民交流プラザ）で、カープに関する講演を行ったときのことだった。

90人くらいの市民が参加していたが、予め10分間程度の質問タイムが設けられていた。そのなかに、特に熱心な人がいた。その人がこう質問してきた。

「衣笠はなぜ監督になれないのですか?」

それは、私が想定していた問答集になかったものだった。

質問者は、私の一回の説明に満足することなく、何度も言葉を変えて、同じ主旨の質問を繰り返してきた。

私の考えは、今も昔も変わっていないので、いまでも同じ答え方をする。

そもそも監督の交代というのは、時の状況に依存している。つまり、そのときのチーム状況と、そこで必要とされる能力が合致していなければ、軽々に実施されることはない。

さらに言えば、これは人事である。人事というのは〝人の事〟と書き、他人では計り知れないようなところもある。

衣笠祥雄の場合は、確かに有力な候補者の一人であったと思われるが、タイミングも含めて、それらのことがうまくかみ合わなかったことに尽きる。

その後、この話は予期しない方向に展開していく。2011年12月。『衣笠祥雄はなぜ監督になれないのか？』（堀治喜著・洋泉社）という文庫本が店頭に並ぶことになった。そしてよく売れた。

その本のなかで、私は、見識の低い大学教授として描かれている。

もう一つ。本来なら、決して書くことのない人事の話である。

大昔の話でもあるし、誰もが笑って流し読めるような末節のことなので、勇気を持って書き残しておきたい。

いまから23年前（1998年）10月のことだった。マツダ（株）でPR誌の編集長をやっていたこともあって、当時、現場から離れてプロ野球解説をしていた山本浩二を取材したことがあった。

その頃、後楽園球場（当時）の隣にあった中華レストランでのインタビュー。その仕事を終えたあと、巨人が試合前練習をしていたグラウンド内に入れてもらった。多くの選手が、山本のところに挨拶に来た。ヤッパ、元祖ミスター赤ヘルの影響力はすごいと思った。

ちょうどその頃、打撃不振に陥っていた元木大介が、同じ右打者だった山本にアドバイスを求めてきた。私は、その話を傍で聞いていた。因みに書いておくと、元木は、その夜2本のホームランを打った。

グラウンド内には、現場特有の張りつめた空気が漂っていた。その雰囲気のなか、私は巨人の選手に聞こえないような小さな声で、山本の耳元でこう囁いた。

「やっぱりまた赤いユニフォームが着たいでしょう」

他意はなかった。強いて言えば、久しぶりに同級生に会った親しみから出たリラックスのための発言だった。

ところが彼は、この言葉に微妙に反応した。彼は唇に人差し指を当てて……。

「シー！」

明らかに、ここでその話はするなというサインだった。そして彼は、人目が遠ざかったところでこう言った。

「そりゃ、野球人なら、ユニフォームを着てやりたいよ。ただ、こういう話は自分の方からは言い出せないからな」

彼は、つぶやくようにそう言った。

この話は、広島に戻ってから、すぐに知人を介して球団に伝えた。そして球団からは、きちんと回答があった。

「ありがとうございました。よく分かりました」


そのシーズンのカープの成績は、60勝75敗でセ・リーグ5位。5年目の三村敏之監督の交代が確実な状況になっていた。

そして、晩秋の広島の街に大きなニュースが流れた。

「来季のカープ監督は達川光男……」

これは当時、真っ当な選択だったと思う。なぜなら、それは正統派でプロ好みの三村野球から、高校野球のようにフレッシュでチャレンジャブルな達川野球への転換を意味していたからである。

この発表のとき、特にありがたく思ったのは、球団の次のようなコメントだった。

「山本浩二らを含めて検討した結果、達川光男に託すことに……」

私はここで球団が、暗に山本浩二にメッセージを送ってくれたように思った。その微妙な言い回しのなかに、「次はよろしく」という意味が含まれていたように感じたからである。

1999年と2000年シーズン。達川野球はそれなりに、というよりも、それ（予想）以上に面白かった。ただ初年度に、成績がいっそうダウンした。そして2年目にやや戻したものの、いずれもセ・リーグ5位。万年Bクラスの汚名を返上することはできなかった。

こういう状況のなかで、また球団が動いた。2001年から2期目の山本監督が誕生したのである。

いま思うに、あの流れのなかで私が球団に伝えた山本の思いというのは、コトの進行上、何の影響も与えていなかったという可能性もある。

しかし世の中というのは、言うべきことを言わなかったために、また余計なことを言ってしまったために、人生の流れが変わることもある。

この種の教訓は、プロ野球の世界でも一般社会でも同じである。

連続性と変化

繰り返すが、監督の交代には必ず理由がある。その理由には、時代の流れ、チームの状況、本人の性格など、さまざまな要素が絡み合っている。２０２１年オフの日ハム・新庄剛志監督の誕生も、球団のさまざまな事情と思惑が絡み合ったものである。ただその際に大切なのは、球団としての連続性と変化である。

１９７５年のリーグ初優勝をきっかけにしてはじまったカープの第1期黄金時代。そのタネをまいたのは、カープ初の外国人監督ジョー・ルーツだった。そしてそのタネを発芽させ、育成し、実を収穫したのは古葉竹識だった。

さらにリーグ３連覇を果たした第2期黄金時代（２０１６〜18年）。そのときはマーティ・ブラウンがタネをまき、野村謙二郎が育て、緒方孝市が刈り取ったというのが一般的な見方である。つまり、この連続性を球団の長期戦略の柱に据えなければならないのだ。一過性の思い付きで強いチームを長続きさせることはできない。

リーグ３連覇を成し遂げた緒方孝市は、２０２１年に発売した自著『赤の継承』（光文社）のなかでこう書いている。

「これまで70年間カープが継承してきた〝いいもの〟は、このままずっと残してほしい。それは猛練習の伝統なのかもしれない。若手を育成し指導者も育てていくという頑固なまでの自前主義なのかもしれない。時代の流れによって変わっていく部分はあるかもしれないが、カープはカープであってほしい」

またもう一人。その前の監督だった野村謙二郎は、２０１５年発売の自著『変わるしかなかった』（ＫＫベストセラーズ）のなかでこう書いている。

「戦後の焼け跡のなかで生まれたチームが、さまざまな危機を乗り越え66年（退任当時）も続いてきた。カープは広島という街の誇りであり象徴である。選手にはこの歴史を踏まえた上で戦ってほしい」

この際、興味深いのは、２人の元カープ監督が、それぞれの著書の題名で正反対の「継承」と「変わる」という文字を使っていることである。

繰り返すが、カープの監督というのは、すでに一球団の人事の枠を超えている。

その訳は、いまは広く市民、ファン、選手、職員などが一体となって戦うスタイルが定着しているからである。

このことのためには、長いカープの伝統を引き継ぎながら、それを時代に合わせて進化させていける人。さらに言えば、一人でも多くの市民、ファンから支持される人であることが望ましい。

いましばらくは、佐々岡監督のさらなる手腕に期待する形でよいのかもしれない。なぜなら一つのチームを創り上げるためには、2年という歳月はチト短すぎるからである。

私は一個人として、佐々岡監督を心から信頼している。

その思いがどこからくるのかと言うと、彼が民放で野球解説をしている頃、何度も一緒に同じ番組に出演させてもらい、彼の温和な人となりに接し、肌で感じるものがあるからである。

しかし一方で、思うこともある。監督というのは、ときに相手チームから脅威に感じられることが必要なときもある。つまり他チームから手ごわいと思われているかどうかは、一つの指標になりうる。

例えば、2020年まではA・ラミレス率いるDeNAが手ごわかった。おそらく奇抜な選手起用、常識に捉われない作戦があったからだと思われる。

しかし少々書きづらく、かつ個人的な印象にすぎないが、三浦大輔率いるDeNAにはさほどの怖さを感じない。作戦がオーソドックスで、打つ手がフツーの思考回路で読めるからである。

正統でオーソドックスな作戦（手法）が許されるのは、比較的、優位な戦力を誇るチームのリーダーに限られると思う。そうでない場合は、革新的で挑戦的な思考、作戦の人の方が好ましい。

そう考えると、チームを率いる指揮官の日ごろの言動、考え方などはチームの特徴を作るというよりも、時々のチームそのものなのである。

このあとカープは、野村謙二郎の再登板、また機を見て、黒田博樹、新井貴浩などの起用も考えられる。

私のいまのイチ押しを遠慮なく書くとすれば、それは黒田博樹である。その一方で、思い切った手として3人目の外国人監督という選択肢も否定しない。この場合の意図は、チーム内にいまひとたびの革新的変化を呼び起こすことである。

長い球団史を見ても、それぞれの時代において、ジョー・ルーツ（1975）、マーティ・ブラウン（2006—09）ともに意図に沿った成果を得ているのが、何よりのヒントである。

もちろん同じような意図で、これまで私が書いてきたようなこと以外のアッと驚く、新庄監督のような人事もありえないことではない。

これからカープ球団は、いったいどんな手を打っていくのだろうか。その核となる監督の人選については、どんな状況にあっても常に考えておくべきである。

その決断は、将来のある日、いつもと同じように広島市民とカープファンを驚かせることになるだろう。

その前に、もちろん忘れてはいけない。来季に向けて……。

「がんばれ、佐々岡カープ！」

エピローグ

最近、やたらと欲しくなったものがある。

それは野球のグローブである。しかも自分にピッタリと合う、世界に二つとない理想のグローブである。

おそらく子どもの頃に、欲しくても買ってもらえなかった切ない思いが、心のどこかに引っかかっているからだと思う。あの頃から60年以上が経過したいまでも、それを求める自分がいる。

その頃、我が家にあったのは、硬い布製の捕手用ミットだった。子どもにはとても使いこなせなかったミットが、なぜ我が家にあったのか。ついに親父から、その経緯について話を聞き出す機会はなかった。

小学生の頃にやっと買ってもらった小さめのグローブ。それが合わなくなって、せがみ倒して買ってもらった二代目のグローブ。それがすべてだった。

その二代目のグローブは、〝プロローグで書いた〝田んぼリーグ〟(草野球)でボロボロになったが、いつまでも使い続けた。

自分で余裕を持って(?)グローブを買えるようになってから、最初に買ったのは息子用だった。最近まで時々それを出して使っていたが、ついに過日、京都に住む息子がそれを持って行った。

そのときの息子の弁である。

「このグローブはボクのもの」

こうして私は、いまグローブを持っていない。

断わっておくが、たとえ野球をしなくても、いや野球ができなくなっても、近くにグローブがないというのは落ち着かない。

それは、医師に聴診器、大工にハンマーがないようなものである。私にとって、グローブというのはそういうものである。

一方で、最近、近くの運動公園などで少年野球を観ながら、感じることがある。

彼らは、みな色とりどりの立派なユニフォームを着て、グローブも新品みたいにきちんと手入れされている。

さらに練習も試合も、訓練されたと思われる指導者のもとで整然と行われ、時々私のような得体の知れない老人（他人）にも、きちんと挨拶してくれる。

一口で言えば、時代が変わったということになるが、どこかスポーツの本質が微妙に変わってしまったような感じもしている。

実のところ、私が森下暢仁を新世代ヒーローと感じ、そぞろ心を惹かれる本当の理由（視点）は、その辺りに起因しているのかもしれない。

私はまぎれもなく、生涯を通してのカープファンである。もうその存在が、生活の一部になっている。

そのせいで、これまで19冊の単行本を著したが、そのうち12冊（63%）がカープを題材にしたものである。

そのなかで特に思い入れの深いのが『前田の美学』『黒田博樹 1球の重み』『主砲論 なぜ新井を応援するのか』『4番 鈴木誠也 進化論』の4作品である。

なぜそうなのかと問われるならば、それらの作品に限って、個人をテーマにしているからだと思う。例えば、他の作品に比べ、書いた内容の一字一句までよく覚えている。おそらく、いったん個人に対して形成した思いというのは、容易には覆らないからだと思う。

これまで前田智徳、黒田博樹、新井貴浩、鈴木誠也には、その時々にフツーでない興味を感じた。しかし不思議なもので、他球団に移籍した偉大な打者、江藤智、金本知憲、丸佳浩などを取り上げる気力は、全く湧いてこなかった。

個人（選手）を描くと言っても、そのベースに、世界に二つとないカープというチームが存在していたからだと思う。

そういう意味で、いったん他球団に移籍しながら、再びカープに戻ってきた黒田と新井の物語には、自然に力が入った。

しかし私は、このたび初めて、入団間もない若い投手を主人公（テーマ）に取り上げた。実のところ、彼には、まだ1冊の本で書き尽くしたいほどのプロでの実績がない。

この点について、福山大学でスポーツ経営学を教えている藤本倫史（講師）は、彼のフッーでない人気の高さ、注目度についてこう語る。

「カープは独自のドラフト戦略を貫いている。森下は、その戦略が見事に的中した選手だからだと思う。ファンは他球団を出し抜いたような痛快なストーリーに魅了されているのではないか」

広島にカープというチームがあり、そこに集う若者たちがいる。その人々の出会いに戦略性があり、そこから美しいドラマが生まれてくるというのである。


2021年。海の向こうで話題をさらった男がいた。それはこの本でも書いた、言わずと知れたエンゼルスの大谷翔平である。

実は、彼のプロでの本当の二刀流デビューは、2013年6月18日、マツダスタジアムでのカープ戦だった。あのとき彼は、まさかと思われていた自身の夢を現実のものにした。

それがなぜマツダスタジアムでのカープ戦だったのか。その訳は、実にシンプルなものだった。セパ交流戦。セ・リーグ球団の主催試合では、指名打者（DH）が使えない。そのため大谷は「5番・投手」で先発出場したのである。

そのときは投手として、4回3失点で降板。しかし降板後にライトの守備に就き、打者として

1安打1打点を記録した。

あれから8年。彼はいま野球の本場・米国で、投打の二刀流だけでなく、時々野手まで務める三刀流をこなす。そうなると当然、走者として盗塁も狙う。

いまになって思うが、その大谷の三刀流の原点にあったものは、いったい何だったのだろうか。この点について、私は断言してもよい。それは、少年時代に育まれた〝夢を見る力〟である。彼は27歳になったいまでも、その夢に向かって挑戦し続けている。つまり、夢の力は偉大なものなのである。

少年時代の夢を追い続ける。そのたゆまない挑戦は、性別も年齢も関係ない。また所属する国、地域、団体、役職も関係ない。

大谷は、米国のファンだけではなく、彼を送り出した日本のファンまでも興奮の渦に巻き込んだ。同じ野球に国の壁などはないからである。

最後に、山本浩二の自著のなかにあった言葉を引用し、この本の締めくくりにしたい。

「子どもの頃、父に手を引かれて広島県営球場へカープの試合を観に行ってから、小学校、中学校、高等学校とまるでプロ野球選手になることを〝熱病〟のように考えていた。その熱は一向に冷めることなく、とうとうここまできてしまった」

彼は、夢を追い続けてプロ野球選手になった。私は、そのことをきっかけにしてプロ野球選手ではなく、カープファンになった。そして、ここまできてしまった。たったそれだけのことだったように思う。

2021年6月。私は、山本浩二と同じ夢を追ったあの頃の場所を訪ねてみた。そこは、私たちの学び舎だった五日市中学校に隣接する造幣局グラウンドである。

ともに白球を追ったその野球グラウンドは、当時のまま残っていた。というか、いまでも使われている。

思わず、中学時代の熱い思いに駆られ、土のグラウンドを踏みしめながらマウンドに歩を進め、そこに立ってみた。

当時「高い」と感じていたマウンドは、いまかなり低く感じた。マウンドから見える景色も、まるで当時のまま。だがあの頃、遠くに見えていた一、三塁側ベンチが近くに見える。

そこにある長イス、バットケース、手書き用のスコアボード……。60年以上の時間経過ですっかりレトロになっている以外は、何も変わっていない。

そのとき外野の芝の上で、キャッチボールをする少年たち2組が目に入った。彼らの遠声が、なぜかセンチメンタルな思いを誘う。

そう、あの声は、あの頃の自分たちの声である。

今回もまた、カープ本の執筆にあたって、多くの方々に取材させてもらった。幸いにして、森下の話になると、みな目を輝かせて語ってくれた。皆さんの協力に感謝したい。

また文中においては、認識違いや舌足らずな表現もあったと思うが、著者の不徳の致すところとして、平にお許しいただきたいと願う。

そして、このたび『広島にカープはいらないのか』以来、久しぶりにカープ本上梓の機会を与えて下さった南々社の西元俊典さんと編集担当の橋口環さんには、心からお礼の言葉を贈りたい。

永遠のカープファン　迫　勝則

＊文中に記載した所属、年齢、成績、数値などは２０２１年11月8日時点のものです。

〈**参考にした文献**〉

『人間　山本浩二』山本浩二著（交通タイムス社）
『変わるしかなかった』野村謙二郎著（KKベストセラーズ）
『Ｃａｒｐ－０７１９』鈴木信宏著（ザメディアジョンプレス）
『別冊宝島　プロ野球選手の甲子園伝説２０１０』（宝島社）
『広島アスリートマガジン』（サンフィールド）
『中国新聞・ＳＥＬＥＣＴ』（中国新聞社）

ＪＡＳＲＡＣ出２１０９０５５－１０１

ブックデザイン　木原 実行　西山 弘三
本 文 Ｄ Ｔ Ｐ　大原 剛　角屋 克博

Profile
迫 勝則（さこ かつのり）

1946年広島市生まれ。作家。山口大学経済学部卒。

2001年マツダ（株）退社後、広島国際学院大学・現代社会学部長（教授）、同学校法人理事。14年間、広島テレビ、中国放送でコメンテーターを務める。現在も執筆、講演などを続ける。

主な著書に『広島にカープはいらないのか』（南々社）、『前田の美学』『黒田博樹 1球の重み』（いずれも宝島社）、『主砲論』（徳間書店）、『マツダ最強論』（渓水社）など。

森下に惚れる
――日本で一番美しい投手

2021年12月20日　初版第1刷発行

著　　者　　迫 勝則
発 行 者　　西元 俊典
発 行 所　　有限会社 南々社
　　〒732-0048　広島市東区山根町27-2
　　TEL 082-261-8243　FAX 082-261-8647
印刷製本所　　モリモト印刷株式会社

ISBN978-4-86489-135-6